a mio fratello Placido

PAOLO CHERCHI

VERSO LA CHIUSURA

Saggio sul *Canzoniere* di Petrarca

IL MULINO

I lettori che desiderano informarsi sui libri e sull'insieme delle attività della Società editrice il Mulino possono consultare il sito Internet: **www.mulino.it**

ISBN 978-88-15-12025-0

INDICE

PREFAZIONE

Del primo sonetto dei *Rerum vulgarium fragmenta* si potrebbe ripetere quanto si dice del prologo della *Commedia*: senza i misteri che avvolgono i primi due canti del poema, la visione dantesca avrebbe avuto un impianto e un significato diversi, e la credibilità della sua finzione ne sarebbe stata di gran lunga diminuita. Così l'intero *Canzoniere* non sarebbe quello che noi leggiamo se non lo aprisse quel primo sonetto così apparentemente solare, ma di fatto reso denso e opaco da numerosi problemi che gli interpreti degli ultimi decenni vengono portando alla luce. Per i nostri antenati il primo sonetto aveva il valore delle normali prefazioni di cui un libro può anche fare a meno senza subirne menomazioni sensibili; per la nostra generazione, invece, non si tratta di una semplice prefazione, bensì di un vero prologo e insieme di un vero epilogo, e in quanto tale viene a essere una parte integrante o indispensabile dell'opera. Esso svolge il ruolo che ai prologhi compete, annunciando il completamento dell'opera, specificandone alcune modalità di costruzione, anticipandone i propositi, e magari indicandone i destinatari e sollecitando un giudizio benevolo; come epilogo assolve il compito di segnare il distacco dall'opera da parte dell'autore, di trasmetterne il suo giudizio, di indicarne il significato morale. Senza quel primo sonetto, insomma, l'opera non avrebbe inizio e non avrebbe fine, e i lettori sarebbero privi di alcune coordinate di interpretazione fondamentali.

Un vero prologo e con funzioni multiple avvia una serie di problemi tutt'altro che semplici. Parte della loro complessità dipende dal fatto che siano stati affrontati solo in tempi recenti e che la discussione sia ancora in corso; tuttavia già i primi risultati hanno modificato radicalmente la secolare interpretazione del *Canzoniere* tanto che non si esagera dicendo che oggi leggiamo un'opera affatto diversa da quella letta per secoli. I *fragmenta*, che tradizionalmente hanno guidato l'interpretazione fatta di letture puntuali, ci appaiono ora come un *corpus* unitario, organizzato secondo una storia che presenta una tesi e un protagonista esemplare, secondo quanto preannuncia il sonetto introduttivo. Ora sappiamo che quello che noi leggiamo come il *Canzoniere* in realtà è solo la versione definitiva di un'opera passata per redazioni diverse, organizzate tutte secondo finalità rispettivamente diverse, anche se si tratta sempre di finalità piuttosto vaghe tanto che nessuna delle versioni ricordate arriva mai a una chiusura precisa; in ogni modo, siffatto lavorio di decenni conferma che a quel *corpus* presiede sempre, fin dai primi abbozzi, un disegno che è mutato nei tempi, per cui è chiaro che alla struttura viene delegato il ruolo capitale di comunicare il significato dell'opera, come ha provato in modo ineccepibile il lavoro di Marco Santagata[1]. L'acquisizione che l'opera ci narri una storia genera a sua volta una serie di problemi nuovi. Oggi, grazie soprattutto ai lavori di Francisco Rico[2], capiamo che le testimonianze autobiografiche distribuite con generosità nell'opera sono da prendere con grande cautela perché Petrarca traduce spesso la letteratura in vita anziché la vita in letteratura; pertanto anche il *Canzoniere* va letto tenendo sempre presente che le date di composizione delle poesie non corrispondono alla cronologia voluta dal «racconto» del *Canzoniere*. Abbiamo capito quale sussidio di lettura ci venga dal continuo riscontro del *Canzoniere* con le opere in latino (specialmente il *Secretum*) che nel loro insieme contribuiscono a comporre un'autobiografia idealizzante ed esemplare che trova nell'opera in volgare l'espressione più alta e certamente

[1] Sulla struttura – che non è il semplice «making» nel senso stabilito da Ernest H. Wilkins (*The Making of the "Canzoniere" and other Petrarchan Studies*, Roma, Edizioni di Storia e Letteratura, 1951) come sinonimo di «assemblaggio», ma sul «fare» il *Canzoniere* secondo un piano portatore di significato – rimane fondamentale lo studio di Marco Santagata, *I frammenti dell'anima. Storia e racconto del Canzoniere di Petrarca*, Bologna, Il Mulino, 1992. Questo libro è presente nello sfondo di quasi tutte le parti del presente lavoro, e per questo lo si cita qui una volta per tutte, a meno che il riferimento non sia necessario.

[2] *Vida u obra de Petrarca.* I: *Lectura del «Secretum»*, Chapel Hill, NC, North Carolina University Press, 1974, e, in coedizione, Padova, Antenore, 1974.

la più personale. Moltissimi sono ormai i contributi di tipo «narratologico» intesi a mettere in luce l'andamento della storia portante del *Canzoniere* annunciata nel prologo, andamento che risalta più chiaro se lo si vede organizzato in microcicli o se si allarga lo sguardo a grandi campate narrative, se si stabiliscono collegamenti fra punti diversi e distanti del percorso, se si presta attenzione a elementi di raccordo, come, ad esempio, il calendario interno. Nel complesso emerge un *Canzoniere* sconosciuto ai critici di un passato non tanto remoto: è un'opera che affida il suo messaggio generale alla struttura dell'opera, che è come dire all'itinerario morale del protagonista. Se poi pensiamo che il primo sonetto ha motivi e toni penitenziali, vediamo che l'opera assume una dimensione retrospettiva, e ciò ci obbliga ad allargare la prospettiva a tutto il *Canzoniere*, e allora si capisce che abbia una struttura circolare[3] in cui le funzioni del prologo e dell'epilogo vengono ad incontrarsi, a sovrapporsi e a necessitarsi reciprocamente, come punto di partenza e anche come punto d'arrivo.

Non sembra, però, che la vicinanza e la reciprocità delle funzioni indicate abbia risolto tutti i problemi, anzi ne ha creati di nuovi in quanto l'importanza di tali funzioni è stata spinta a un punto di prevaricazione, a un punto in cui il prologo e l'epilogo avrebbero esercitato una pressione notevole nel determinare la struttura della parte finale. Si ragiona più o meno nel modo seguente: poiché nel primo sonetto è chiaro il tema penitenziale, sarà il pentimento a costituire la conclusione dell'opera, e il prologo/epilogo suggellerebbe la circolarità della raccolta; pertanto sarà opportuno dare il rilievo massimo al pentimento in entrambi i punti della raccolta. Tutto così diventa perfettamente chiaro e conchiuso come un cerchio. C'è però un'ombra: il pentimento avrebbe carattere da espediente retorico in quanto la storia di un protagonista, sempre tormentato dalla sua scelta fra passioni terrene e saggezza, non lascia prevedere un pentimento reale ma tutt'al più l'abbandono di uno dei due capi del dilemma. E

[3] Sulla circolarità della struttura ha insistito recentemente Francisco Rico, *Prólogos al «Canzoniere»* (*Rerum vulgarium fragmenta, I-III*), in «Annali della Scuola Normale Superiore di Pisa. Classe di Lettere e Filosofia», s. III, 18 (1988), pp. 1071-1104; ma ormai è nozione acquisita e in quanto tale è presente in numerosi saggi sul *Canzoniere*.

l'ombra non si dissipa di molto se si vuole attenuare il senso di un'affermazione simile dicendo che Petrarca ricorre al pentimento per lasciarsi dietro irrisolto un problema intellettuale ed esistenziale. Sarebbe, insomma, una terza via; e se la soluzione retorica sembra insincera, quella di una fuga sembra disfattista. Purtroppo è un'ombra molto densa che crea una punta di delusione: una storia che si concluda con un pentimento, come a dire con un ripudio di ciò che ci ha raccontato, sembra un *unicum* che va contro le aspettative normali, generalmente orientate verso un «lieto fine» o, come alternativa, verso un fine tragico, mentre escludono quasi in assoluto una conclusione che non costituisce un vero evento. Si dirà che l'aspettativa del fine lieto o tragico s'addice meglio a un lettore di romanzi moderni o di commedie, ma il *Canzoniere*, non rientrando affatto in una tipologia di quel genere – semmai rientra in quel *genus philosophicum* al quale appartengono le opere di morale e di edificazione –, non prevede necessariamente una conclusione lieta o tragica. E si accetti pure con rossore la condanna di un gusto a dir poco «popolare». E confessiamo allora un altro scontento dovuto allo stesso gusto grossolano da lettore di romanzi: diciamo che ci sembra troppo scortese e poco cavalleresco che Laura venga «estromessa» dalla storia di cui è stata signora per un tempo lunghissimo, e venga obliterata da un protagonista che corre a pentirsi senza neppure dire addio alla donna per la quale ha vissuto; a tale querela sentiamo rispondere che Petrarca non era un villano, e ha refutato queste potenziali accuse scrivendo il *Triumphus eternitatis* dove si unisce finalmente e in eterno alla sua Laura. È una spiegazione troppo debole per fugare il nostro disagio: un Petrarca che si pente di essersi pentito e che poi rimedia con una palinodia perde molto, ai nostri occhi, della sua statura morale.

Il pentimento non è una conclusione soddisfacente dal punto di vista narratologico né dal punto di vista di una storia morale: è un finale incompleto sotto tutti i rispetti. Il pentimento rappresenta una svolta in cui convergono il rimorso per un'azione o per un modo di vita e la volontà di abbracciare un altro modo di essere o di vivere una vita diversa; ma di per sé il pentimento è un giudizio e un sentimento, non un'azione; tutt'al più è il presupposto di un'azione ma non ancora l'azione stessa. Detto ancora in altri termini, il pentimento è il momento della coscienza, ma non è ancora quello della volontà la quale avvia una nuova storia. Ora, si può ammettere che il pentimento di Petrarca comporti conseguenze importanti, e infatti gli interpreti del *Canzoniere* sostengono che il pentimento riporti il protagonista alla religione, e basterebbe ad attestarlo la canzone alla Vergine. Però una conclusione così semplice e troppo sbrigativa lascia ancora insoddisfatti perché darebbe alla storia una dimensione che sfiora la banalità. Il sonetto prologo/epilogo suscita aspettative ben più alte: un personaggio che, avendo concluso il *Canzoniere*, si dichiara uomo diverso da quello che è stato, lascia intuire che sia accaduto un evento tale da cambiare veramente una persona, tanto più se questa persona è un individuo di dimensioni epocali, di sensibilità così acuta da sentire vergogna, un personaggio che si distingue dagli altri per saper «ragionare in vario stile»; non è, insomma, un individuo da mettere alla stregua di un qualsiasi protagonista di una leggenda santa dove il peccatore, pecorella smarrita, torna alla fede!

Qualcosa non funziona in tale modo di vedere la conclusione del *Canzoniere*; e lo dimostrano le divergenze fra i critici. Ancora persiste l'idea che il *Canzoniere* si concluda lasciando aperto il dissidio tra amore e ragione che caratterizza la storia del protagonista; e in ciò il *Canzoniere* replicherebbe la stessa aporia accusata decenni prima nel *Secretum*; e se esiste una chiusura, questa si presenterebbe sotto forma di una palinodia poco convincente[4]. Per alcuni critici la chiusura del cerchio esiste ma soltanto al livello formale, al livello di opera, dove l'errore sarebbe redento dall'oggettivazione che ne fa il racconto, mentre al livello esistenziale il dissidio si comporrebbe soltanto nel *Triumphus eternitatis*[5]. Altri interpreti vogliono che tanto il *Canzoniere* quanto il *Secretum* siano opere che si chiudono, a patto però che si leggano le battute finali di ciascuna opera non come una dichiarazione da *impasse* etica bensì come una disposizione al superamento della stessa[6]. La disparità delle proposte dipende probabilmente dalla mancanza di perspicuità testuale, dal fatto che si tenda a porre sullo stesso piano opere

[4] Cfr. Vinicio Pacca, *Petrarca*, Roma-Bari, Laterza, 1998, pp. 240-250.
[5] Cfr. Marco Ariani, *Petrarca*, Roma, Salerno Editrice, 1999, pp. 228-233.
[6] Cfr. Bortolo Martinelli, *Il «Secretum» conteso*, Napoli, Loffredo, 1982, p. 195.

lontane nel tempo, ma soprattutto dal privilegiare un tema anziché un altro, col risultato di dare alla storia «esemplare» una conclusione che sia coerente con quel tema enfatizzato. Non si sbaglia di molto dicendo che all'origine di tali interpretazioni sta il pregiudizio, inconfessato e rafforzato da secoli di ribadimenti, che Petrarca sia «un uomo moderno», e in quanto tale avrebbe scoperto la dimensione terrestre o naturale dell'uomo contro l'ascetismo medievale che si sforzava di cancellarla; e questa sua modernità l'avrebbe portato ad una conciliazione col mondo celeste solo *in extremis* e in modo che sa molto di compromesso pieno di riserve mentali.

Si può tornare sul problema, e non soltanto per sostenere una parte contro le altre, quanto invece per provare che la conclusione del *Canzoniere* è preparata, sia pure in modo potenziale, fin dai primi passi della storia e, quando essa verrà raggiunta, apparirà come una vera conquista, non già come un compromesso. Alla conclusione del *Canzoniere* sono dedicate le pagine che seguono; le quali, se non riusciranno appieno nell'intenzione di dare risposte definitive al problema, avranno almeno il merito di stimolare un discorso che aggiri l'*impasse* ripetutamente rilevato dagli interpreti, e trovi una chiusura più soddisfacente anche per quei lettori sofisticati che non si accontentano di un «lieto fine» da romanzo d'appendice, né di un finale dilemmatico degno di un *auto* sacramentale barocco. Non è necessario aggiungere che dall'interpretazione della chiusura dipende quella di tutta l'opera.

È una chiusura o conclusione alla quale si arriva partendo dal punto che più dista dalla fine, cioè dal sonetto proemiale: e, stranamente, è anche il punto più prossimo a essa se ricordiamo che quel prologo è anche un epilogo. Abbiamo detto che una funzione del prologo è quella di darci indicazioni di lettura, per cui prevediamo che, una volta identificate tali indicazioni, dobbiamo seguirle supponendo che grazie a esse riusciremo a trovare ed eventualmente a leggere meglio quella conclusione. E supponendo, plausibilmente, che quel finale abbia un valore positivo, si può inferire che il prologo indichi alcuni valori negativi che alla fine dovranno essere rovesciati in direzione positiva. Non c'è dubbio allora che fra i valori negativi indicati nel sonetto proemiale primeggino «la vergogna», la «vana speranza» e il «van dolore». Pertanto su di essi si focalizza la nostra ricerca, organizzata in modo da ricostruirne la presenza e la persistenza nel *Canzoniere*: una ricerca tematica e diacronica di questo tipo ci porterà al punto in cui la vergogna non avrà più ragione di esistere poiché verrà rimossa la causa che la genera, la «vana speranza» si trasformerà in «vera speranza», e il «van dolore» diventerà «dolore verace» in quanto sacrificio o amore di carità: allora potremo dire di aver raggiunto una conclusione di natura tale da giustificare l'affermazione che il protagonista sia diventato «altro uomo» da quello che era prima.

Si vorrebbero anticipare per sommi capi alcuni dei risultati raggiunti: dopo tutto anche questa prefazione è un prologo scritto a libro conchiuso. Risulterà che il *Canzoniere* si chiude una volta avvenuta una *mutatio animi* del protagonista, causata da una specie di illuminazione che rende attive in lui le virtù teologali, e fa sì che il saggio stoico – il quale fino a quel punto aveva chiesto alla ragione il segreto della felicità, ossia la forza di dominare le passioni amorose e le ambizioni di gloria – diventerà un acceso credente che troverà la propria felicità nel vivere nell'immagine del suo Creatore. Saranno queste virtù a farne un «uomo altro da quello che era», e, in quel nuovo *status* di grazia infusa, sarà in grado di recepire appieno il messaggio che la presenza di Laura avrebbe dovuto rappresentare nella propria vita. Sono virtù che gli vengono infuse per grazia divina, ma la grazia non viene a chi non la sa cercare, a chi non la sa meritare; pertanto il loro avvento – ma teologicamente si dovrebbe parlare più correttamente di scoperta o di attualizzazione, visto che tali virtù sono infuse dalla nascita – si rivela come un'autentica conquista. Altro che semplice ripiegamento su valori religiosi; altro che conclusione banale! Lo studio ci mostrerà che lungo quel periodo di errore – cioè nel periodo in cui scambia il significato della presenza di Laura per un bene supremo – nell'animo del protagonista opera in sordina una *scintilla conscientiae*, o *sinderesi* come dicevano i teologi, ma che in realtà è ben più robusta di una scintilla, ed essa si accende poi in una grande fiamma nella conquista finale della propria coscienza.

Non anticipiamo altro, e tralasciamo perfino di dire delle nuove prospettive che ci si aprono per leggere in modo nuovo la Canzone alla Vergine o per capire se e come Laura rimanga fino alla fine un personaggio indispensabile della storia che il *Canzoniere* racconta: basti quanto detto per incoraggiare il lettore a leggere i saggi che seguono.

Semmai a quel generoso lettore bisognerà dire qualcosa sulla genesi di questo libro e sul metodo con cui è proceduta la ricerca. Intanto questi avrà difficoltà a credere che nella sterminata bibliografia petrarchesca non esistano già molti studi sui termini «negativi» indicati nel prologo; e se per caso non esistono, ne dedurrà che siano termini di scarsa importanza. In realtà la disattenzione per questi termini è da imputare alla facilità con cui si crede di poterli glossare e di capirne il significato senza sussidio di note esplicative. Però quei termini esprimono concetti tutt'altro che semplici, e non è da tutti dire cosa sia la «vergogna» neppure ricorrendo ad Aristotele o a Sartre; e non è da tutti spiegare cosa s'intenda per «speranza» pur avvalendosi delle *auctoritates* di un san Tommaso o di un Ernst Bloch o di un Jürgen Moltmann. Petrarca sa smorzare i toni, limare le asperità ed eliminare tutto ciò che potrebbe disturbare i suoi lettori e metterne in moto la curiosità; ma egli può contare sul fatto che il fascino emanante dal suo decoro formale porterà i lettori a tornare su testi levigati fino alla trasparenza[7], e sa che tornandovi essi rimarranno sorpresi nel trovare una superficie non più tanto tersa, anzi sarà sempre più increspata ogni volta che la si osservi dopo aver perlustrato il contesto dei componimenti contigui o di quelli lontani, anzi del *Canzoniere* intero. Dopo ogni ritorno di questo genere, ciò che sembrava piano diventa profondo, ciò che sembrava trasparente si turba, ciò che sembrava banale può assurgere al livello del simbolo. È la conferma che il *Canzoniere* sia un'opera organica in quanto ogni componimento «parla» con gli altri in un gioco inter-contestuale inesauribile.

Ma tornando alla genesi di questo libro, ricordiamo che originariamente esso intendeva essere una raccolta di vari scritti su Petrarca apparsi in sedi disparate; ma poi il fastidio di doversi rileggere, la natura di un siffatto libro «eterno», veramente senza principio e senza fine, la fatica

[7] Della natura decettiva della «trasparenza» della lingua petrarchesca parla Rosanna Bettarini nell'introduzione al suo commento a Francesco Petrarca, *Canzoniere – Rerum vulgarium fragmenta*, 2 voll., Torino, Einaudi, 2005, vol. I, p. xxii.

di dover correggere errori vecchi sostituendoli magari con errori nuovi, hanno consigliato di non andare oltre l'indice. Però alcuni di quei saggi messi insieme hanno rivelato una linea comune e sembravano svolgere un argomento affine e pervenire a conclusioni simili. Erano i saggi sulla vergogna, sulla speranza e sul dolore qui ripubblicati. Essi costituiscono il nucleo principale del libro, ma non sono sufficienti a dimostrarne la tesi maggiore, pertanto sono stati necessari altri capitoli per fonderli in un argomento unitario. Tale ricerca a sua volta ha richiesto un profondo rimaneggiamento dei lavori già pubblicati tanto che li si potrebbe considerare del tutto nuovi o quasi. E non solo: l'organicità del lavoro ha impedito l'assorbimento di altri lavori anche quando la loro pertinenza sarebbe stata difendibile[8]. È ovvio a ogni addetto

[8] In ordine cronologico sono: *Lettura del sonetto LXVII*, in «Lecturae Petrarcae», 11 (1991), pp. 237-258; *I doni dell'amata: il guanto di Giraut de Borneil e di Petrarca*, in *Literatur: Geschichte und Verstehen. Festschrift für Ulrich Mölk zum 60. Geburtstag*, C., Heidelberg, Winter, 1997, pp. 143-153; Dispositio *e significato nel sonetto LXVII*, in *The Flight of Ulysses. Studies in Memory of Emmanuel Hatzantonis*, in «Annali d'Italianistica. Studi e Testi», 1997, pp. 82-96; *Opra d'aragna* (*RVF, CLIII*), in *Studi sul canone letterario del Trecento per Michelangelo Picone*, a cura di Johannes Bartuschat e Luciano Rossi, Ravenna, Longo, 2003, pp. 23-41. Altri lavori riguardano le opere latine: *Petrarca, Valerio Massimo, e le «concordanze delle storie»*, in «Rinascimento: Rivista dell'Istituto Nazionale di Studi sul Rinascimento», seconda serie, vol. 42 (2002), pp. 31-65; *Plinio il Giovane (Epistulae, I, 1) e Petrarca (Fam. I, 1)*, in «Rassegna Europea di Letteratura Italiana», 24 (2004), pp. 101-105; «Quosdam historicos» (*Rer. mem., lib. III, 12*), in «Studi Petrarcheschi», 18 (2005), pp. 159-162; *Petrarca in barocco: il «De remediis» nella Polyanthea secentesca*, in «Giornale Storico della Letteratura Italiana», 182 (2005), pp. 321-339; *The Unforgettable Rerum memorandarum libri*, in *The Desktop Petrarch*, a cura di Victoria Kirkham e Armando Maggi, Chicago, University of Chicago Press, 2007, in corso di stampa. Fa parte a sé: *Mistral traduttore di Petrarca*, in «Critica del Testo», 6 (2003), pp. 257-278. Dal saggio *La simpatia della natura nel «Canzoniere» petrarchesco*, in «Cultura Neolatina», 63 (2003), pp. 83-113, sono stati ripresi diversi paragrafi nel quinto capitolo. Gli altri saggi qui utilizzati sono apparsi con titolo diverso nel seguente ordine: *Le vergogne di Petrarca*, in «Medioevo Romanzo», 27 (2003), pp. 44-66 (utilizzato nel primo capitolo); *Le «vane speranze» di Petrarca* (*RVF, CIC*), in «Esperienze Letterarie», 30 (2005), pp. 5-25, utilizzato nel secondo capitolo; *Il «van dolore»* (*RVF, I, 6*), in *Studi in onore di Pier Vincenzo Mengaldo per i suoi settant'anni*, Firenze, Il Galluzzo, 2006, pp. 279-302, utilizzato nel terzo capitolo; *La casta onestade di Laura*, in «Rassegna europea di letteratura italiana», 21 (2003), pp. 25-38, utilizzato nel quarto capitolo. Gli altri capitoli sono del tutto inediti.

ai lavori che un libro con una preistoria simile deve essere cresciuto nel corso della sua organizzazione, consentendo scoperte impreviste, conclusioni non programmate, mutamenti profondi nella distribuzione dei materiali, tagli impietosi... insomma uno di quei libri che lo stesso autore capisce a lavoro compiuto, e riparte dalla fine, magari più volte, per riorganizzarlo. Ma – anche se non *licet* – non è accaduto lo stesso a Petrarca col suo *Canzoniere*, se solo negli ultimi giorni della sua vita si trovò a dare nuovo ordine ai componimenti finali?

Seguire un motivo o un tema per l'arco di tutto il *Canzoniere* è parso il procedimento più economico e in fondo il solo che consenta di percepire e misurare passo per passo lo sviluppo e la crescita della storia: dai mutamenti di registro e di tono, dalle modifiche semantiche si ricava l'idea di quanto sia difficile muoversi verso una decisione risolutiva. La ricchezza della documentazione e la sua apparente omogeneità riusciranno a tratti uggiose al lettore, e chi scrive queste pagine avrebbe voluto evitargli un tedio simile[9]. Ma così è: la ripetitività, la lentezza del procedere, le riprese, le volte a ritroso hanno anch'esse la loro funzione: nell'insieme dicono la vischiosità dell'errore e la debolezza della volontà che dovrebbe vincerlo, e per questo tentenna, e così facendo accresce ogni volta il senso di colpa e di fallimento, stimolo a nuove analisi e, infine, alla vittoria. Però dicono anche quale potenza e finezza d'analisi, anzi di autoanalisi, guidasse quel genio a capire la propria anima, la cui mancanza di trasparenza è dovuta alla ricchezza e alla nobiltà delle sue varie e contraddittorie e tortuose appetizioni e non già a miopia dello scrutatore.

[9] Al timore di essere prolisso e *overdocumented* si deve anche la parsimonia dei ricorsi bibliografici: la bibliografia critica petrarchesca è sterminata, e infittire di rimandi bibliografici tutti quei luoghi dove sembrerebbero opportuni sarebbe stata fatica dispersiva: dopo tutto, la singolarità dei temi trattati e il modo di inseguirli per l'arco di tutto il *Canzoniere* prevede l'incontro con altri studiosi, ma il contributo che potrebbero offrire alla nostra ricerca così specifica risulta molto spesso marginale. Comunque dovrebbe essere chiaro che anche una ricerca come la nostra è indebitata in generale agli studi pertrarcheschi di questi ultimi decenni.

Non trovo un luogo adatto per ringraziare due persone con le quali ho discusso varie parti e l'insieme di questo libro, per cui il loro nome dovrebbe essere ricordato in questa introduzione ma anche nella conclusione e in altre parti dei capitoli intercorrenti. È meglio, dunque, farlo *in limine* per riconoscere subito un debito del quale pochi sono stati più gratificanti. Devo molto a Gonaria Floris, perspicace lettrice che ha saputo individuare con lucidità il cuore dei vari problemi costringendomi in alcuni casi a ripensarli. Devo moltissimo anche a Francesco Bruni non solo per la generosità del suo straordinario sapere e del suo acume storico, ma anche per l'incoraggiamento e il sostegno amichevole senza il quale forse non mi sarei deciso a varare questo lavoro.

I

«DI ME MEDESMO MECO MI VERGOGNO»

Il primo sonetto del *Canzoniere* attribuisce al sentimento di vergogna una parte importante nella genesi dell'opera o quanto meno nella decisione di renderla nota al pubblico. Sarebbe sufficiente questa attribuzione a giustificare lo studio di cosa sia questa vergogna; ma se non bastasse, si ricordi che a essa si associa il pentimento, altra nozione importantissima per il ruolo fondamentale che svolge nella storia narrata nel *Canzoniere*. Ciò che non risulta chiaro è se vergogna e pentimento siano un fatto nuovo nel momento in cui figurano nel prologo o se abbiano una preistoria o dei precorrimenti. La domanda serve a capire la natura della vergogna e del pentimento, in quanto sarebbero entrambi ben diversi se fossero illuminazioni improvvise, quasi miracolose, o se fossero invece il risultato di una conquista faticosa, perché in quest'ultimo caso l'intelligenza che li annuncia li avrebbe già spiegati e fatti propri, e sarebbero pertanto acquisizioni ferme e, per così dire, *ne varietur*, e presupporrebbero tutta una gamma di oscillazioni e di variazioni in intensità, ben spiegabili nell'esperienza di un'anima avviata alla ricerca di se stessa e della propria felicità. Lo studio che segue dimostrerà che non si tratta di folgorazioni bensì di conquiste lente e travagliate il cui percorso dimostra che in quell'anima esiste una *scintilla conscientiae* senza la quale il viaggio sarebbe assolutamente cieco e senza reale progresso.

Vediamo dunque il primo sonetto[1]:

> Voi ch'ascoltate in rime sparse il suono
> di quei sospiri ond'io nudriva 'l core
> in sul mio primo giovenile errore
> quand'era in parte altr'uom da quel ch'i' sono:

[1] Francesco Petrarca, *Canzoniere*, a cura di Marco Santagata, Milano, Mondadori, 2004², da cui vengono ricavate tutte le citazioni.

del vario stile in ch'io piango et ragiono,
fra le vane speranze e 'l van dolore,
ove sia chi per prova intenda amore,
spero trovar pietà, nonché perdono.

Ma ben veggio or sì come al popol tutto
favola fui gran tempo, onde sovente
di me medesmo meco mi vergogno;

et del mio vaneggiar vergogna è 'l frutto,
e 'l pentèrsi, e 'l conoscer chiaramente
che quanto piace al mondo è breve sogno.

L'uso dei tempi verbali non lascia dubbio sul fatto che il sentimento di vergogna sia vivo nel presente, mentre la causa viene collocata in un passato remoto e prossimo insieme, probabilmente lasciato indefinito col proposito di farlo coincidere con l'intera vita dell'autore. Dal sonetto risulta anche una sequenza di dati: il «giovenile errore»; l'essere stato in quel periodo «altr'uom» da quello che ora scrive il sonetto; anticipo di un racconto di quell'errore fatto di «vane speranze» e «van dolore», accompagnato dalla speranza di riscuotere pietà e perdono in chi lo legge; consapevolezza d'essere stato oggetto di «favola» presso la gente, e ciò gli è «sovente» causa di vergogna; quindi accenno a una vergogna più profonda davanti a se stesso e il conseguente pentimento; infine la lucida consapevolezza della fugacità e vanità dei piaceri, con l'implicita prospettiva di un'alternativa che non può essere altro che la vita eterna coi suoi beni eterni e veraci.

Questi dati e la loro sequenza offrono lo spunto a considerazioni tutte importanti. Per cominciare, il fatto che si parli di errore «giovenile» implica che l'autore del sonetto sia maturo o addirittura vecchio, e, come vedremo, è un fatto importante che pentimento e vergogna siano venuti alla fine della gioventù o addirittura della vita perché, se il mutamento di vita che quei sentimenti presuppongono fosse stato avvertito con grande precocità, avremmo forse avuto un'opera ben diversa dal *Canzoniere*. È importante, e lo vedremo, che la storia del *Canzoniere* copra un arco di vita lunghissimo perché ciò rende più difficile e quindi più prezioso il mutamento finale nel quale si vuol cifrare il senso di tutta un'esistenza. Altro dato rilevante è la presenza del pubblico perché ad esso si devono gli aspetti libro esemplare

della «confessione» del *Canzoniere*, la sua dimensione esemplare, e la differenza fra immagine pubblica e mondo intimo. È importante vedere la sequenza vergogna-pentimento-volontà di cambiar vita perché ne vedremo una simile nella macrostoria del *Canzoniere*. Comunque il dato che per il momento interessa particolarmente riguarda la vergogna, anzi *le* vergogne.

Nel sonetto si parla di due vergogne presentandole in adiacenza (versi 11 e 12) ma come diverse: la prima ha una motivazione esterna e, diciamo pure, sociale in quanto l'autore-protagonista la prova davanti alla gente che lo giudica; la seconda è la vergogna intima sentita davanti alla propria coscienza. Di queste una potrebbe essere evasa considerando ingiusto il giudizio della gente, ma la seconda non può essere in alcun modo conculcata se non rimuovendo la causa che la produce. Per questo la vergogna davanti alla gente è sentita con frequenza («sovente»), mentre la vergogna davanti ai propri occhi promuove un mutamento interiore verso un comportamento o un modo di pensare diverso che trovi l'approvazione della coscienza. Ciò non significa che una sia più importante dell'altra, ma serve a precisare che hanno funzioni leggermente diverse in quanto «il pubblico» è indispensabile per l'esemplarità della storia, e la «coscienza» è fondamentale per dare un orientamento e un punto d'arrivo alla storia. Naturalmente le vergogne di entrambi i tipi producono dei risultati solo quando siano sentite in modo autentico e profondo, altrimenti si riducono a passeggere consapevolezze di qualcosa che potrebbe essere all'origine di un mutamento di vita, ma che poi di fatto rimangono infruttuose, lasciando inevasi i propositi di cambi e rimandandone le scadenze, un po' per abulia, un po' per accidia, ma soprattutto perché mutare vita o comportamento significa, sì, sopprimere le cause della vergogna, ma rinunciare anche a fattori che sono causa di piacere. Comunque non ci appianiamo la strada distinguendo e semplificando sentimenti alquanto complessi, pensando che sia realmente possibile tenere sempre chiare le differenze indicate. Nel *Canzoniere* niente è lineare, e meno che mai i sentimenti come la vergogna che, anche fuori del nostro contesto specifico, hanno escursioni vastissime e molto diversificate – ad esempio, non tutte le vergogne (dovute, supponiamo, a difetti fisici, a povertà o simili) producono rimorsi e pentimenti, come non tutte le vergogne che producono pentimenti sono in grado di promuovere reali cambiamenti nello stile di vita (ad esempio il pentimento di un condannato a morte) –; per giunta è prevedibile che in una storia come quella del *Canzoniere*, tanto dilatata nel tempo, i vari tipi di vergogna si mescolino, si confondano, convivano con altre manifestazioni che poco importano per la storia principale. Dopo tutto il *Canzoniere* è una psicomachia di un tipo particolare, avente per soggetto un'esperienza d'amore «vera» che la distingue nettamente da quelle opere allegoriche medievali in cui tutto è schematico e chiaro: pertanto la presenza di una certa ambiguità fa parte del «vero» che intende drammatizzare.

Ma è ora di vedere più da vicino cosa sia la vergogna e come veniva intesa dagli *auctores* di Petrarca. Non sembri il pretesto per un'ennesima indagine sulle fonti del Nostro: la presenza di una tradizione gli permette di valorizzare quel sentimento e di dargli tutta l'importanza che merita, affidandogli il ruolo cruciale di reagire con la propria coscienza alla storia che vive, suggerendo di tanto in tanto correzioni di rotta. Per noi è fondamentale capire se egli consideri la vergogna una forma di virtù oppure una passione occasionale, e capire se davvero egli sia un «professionista della vergogna», come è capitato di definirlo[2], perché un accertamento del genere dice molto sulla dinamica e sulla tensione che tiene insieme il *Canzoniere*. Quella tradizione potrà dirci dove nasce la vergogna e dove si sente, domande entrambe essenziali in quanto dovrebbero portarci al punto che Petrarca stesso cercava di raggiungere, ovvero quel «se stesso» celato nella propria interiorità. E la tradizione ci darà una misura dell'originalità con cui Petrarca ne ha fatto uso, fino al punto da farne la base dell'apparente paradosso che presiede all'impianto del *Canzoniere*: in esso ciò che sembra un effetto tende a eliminare la sua causa, ossia la storia d'amore è causa di vergogna, e la vergogna mira a far dimenticare la storia che l'ha causata. Ma un'eliminazione del genere non può aver luogo senza prima aver descritto quella causa e senza averlo fatto con la ricchezza massima di dettagli in quanto

[2] Cfr. il mio articolo *Lettura del sonetto LXVII*, in «Lecturae Petrarcae», 11 (1991), pp. 237-258.

è solo a questa condizione che la vergogna e il pentimento possono apparire sinceri e autentici. L'alternativa di omettere completamente o di celare al meglio la causa offrirebbe molti vantaggi, specialmente per la dignità della figura pubblica, ma anche la figura privata potrebbe giustificare l'omissione con il pretesto di non creare scandalo; sennonché il limite maggiore di simile alternativa è proprio la mancanza dello scandalo che invece diventa necessario affinché il pentimento appaia autentico e l'assoluzione abbia quel valore oggettivo che può venire solo da chi ascolta e giudica, e non dall'interiorità di chi si pente. In altre parole, il pentimento che accompagna la vergogna deve avere non solo la *contritio cordis* ma anche la *confessio oris*: così in fondo vuole la confessione cristiana, e così scelse di fare Petrarca. Il quale, così facendo, trasformava la causa della vergogna e del pentimento in una *felix culpa*, e presentava la storia del suo amore proprio come uno scandalo, al quale però conferiva un grande potenziale di esemplarità.

Cos'è dunque questo sentimento così complesso e contraddittorio o bifronte che nasce dalla valutazione di un passato e spinge verso un mutamento nel futuro? Ci aiuterà a rispondere la storia, sia quella che riguarda la tradizione, sia quella focalizzata all'interno del *Canzoniere*. La storia ci dirà che la vergogna sta ora tra le virtù ora tra le passioni, e Petrarca ci farà vedere che essa si colloca tra le prime, ma solo a patto che diventi quasi un *habitus* che deve convivere con il vizio che la causa, vizio che è anch'esso un *habitus*.

La vergogna è uno dei sentimenti più antichi ad essere registrati se si pensa che i primi a sentirla furono Adamo ed Eva quando scoprirono la propria nudità («et aperti sunt oculi amborum, cumque cognovissent esse se nudos consuerunt folia ficus et fecerunt perizomata», Gen 3, 7 [«entrambi aprirono gli occhi e quando s'accorsero d'essere nudi cucirono delle foglie di fico e se ne fecero delle cinture»]); e il tentativo di capire che cosa sia non si è mai esaurito da allora, considerando che anche filosofi vicini a noi, quali Scheler o Sartre o Agnes Heller, hanno cercato di capirne origini e fenomenologia. La difficoltà maggiore nel definire la vergogna – la *verecundia* o il *pudor* antichi – risiede probabilmente nel fatto che sia strettamente legata tanto alla sfera intima quanto alla sfera pubblica, e coinvolga un campo di osservazione vastissimo, molto diverso da quelli che impegnano sentimenti ugualmente potenti e problematici come l'amore e l'invidia. Di tante ricerche a noi interessano quelle relative al mondo antico e medievale perché era il contesto culturale in cui si muoveva Petrarca; e lo facciamo pur essendo consapevoli che molto si imparerebbe dalle spiegazioni sociologiche di un Lukács o da quelle psicologiche di uno Scheler, ma ci porterebbero su un territorio diverso da quello che vogliamo esplorare – tanto per intenderci, la ricerca degli antichi e dei loro eredi medievali s'incentrava sulla nozione di virtù, mentre tale problema, vivissimo in Petrarca, non esiste per i pensatori moderni. Semmai ci riuscirebbero molto più utili lavori complessivi sulla vergogna nella letteratura medievale, considerando che fu un tema abbastanza frequentato – dalle *chansons de geste* al *Roman de la Rose*, a Boccaccio, a Passavanti, a vari autori spagnoli, specialmente Juan Manuel (il quale nel *Conde Lucanor* dedica l'ultimo racconto alla ricerca della virtù più alta, e la ricerca la identifica nella vergogna), per non parlare della presenza di un vero personaggio nella *Leggenda di Vergogna* –; ma non esistono studi d'insieme su questo tema, e sembra oggettivamente difficile concepirli, considerando la vastità e la diversificazione della fenomenologia che rende pressoché impossibile trovare formulazioni univoche (si pensi soltanto alla distanza tra la vergogna-rimorso di un Petrarca e quella di un cavaliere sconfitto in duello); e gli sporadici studi vertenti su temi particolari perdono di vista il quadro dell'insieme.

Il problema centrale per gli autori antichi e medievali è capire se la vergogna sia una passione oppure una virtù; e proprio attorno a tale problema s'è sviluppata la storia che ci accingiamo a ricostruire. Esiste infatti una linea di pensiero secondo la quale la vergogna sarebbe semplicemente una passione. Per Aristotele, capostipite di questa linea, la vergogna non è una virtù perché non forma un *habitus*, ovvero un modo di essere o uno stile di comportamento permanente:

> De verecundia autem ut quadam virtute non convenit dicere; passioni autem magis assimilatur quam habitui. Determinatur igitur timor quidem ingloriacionis [...] Non utique etati passio congruit, sed iuvenili. Exixtimamus enim oportere tales verecundos esse, eo quod secundum passiones viventes multa peccant, a verecundia autem prohibentur; et laudamus quidem iuvenum verecundos. Se-

nem autem nullus utique laudabit, quoniam verecundabilis; nichil est existimamus oportere ipsum operari in quibus est verecundia. Neque enim studiosi est verecundia, si quidem fit in pravis. Non enim operandum talia[3].

Nel Medioevo lo echeggiano san Tommaso[4] e, in volgare, Brunctto Latini e Dante. Per Brunetto:

Vergoigne est passions, et sa naissance est samblable a la poor des choses terribles; car celui ki se vergoigne por toutes choses en rougist, et cil ki a paour devient pales. Et vergoigne est covenable as enfans et as joenes, pour çou qu'ele les trait de pechié. Mais ele est blasmable en viel home, pour çou qu'il ne doit fere chose dont il se puisse vergoignier; et pour çou n'aficrt il a preudome de faire laide chose de quoi li coviegne avoir honte[5].

[3] *Eth.*, IV, 9, 1128b; 11-12 e 15-23: «A proposito della vergogna non se ne dovrebbe parlare come di una virtù, ma è piuttosto una passione anziché un modo di essere. Si definisce come un timore di disonore [...] Non è una passione che si addice ad ogni età ma solo a quella giovanile. Riteniamo infatti che ai giovani si convenga la vergogna per il fatto che vivendo secondo le passioni commettono molti errori, ma vengono tenuti a freno dalla vergogna; per questo lodiamo i giovani proni alla vergogna. Nessuno, infatti, loderà un vecchio anche se prono alla vergogna; riteniamo, infatti, che non gli si addica il fare cosa di cui possa sentire vergogna. [...] Nelle persone corrette non si dà vergogna, se mai in quelle cattive. Ma queste cose non si devono fare».

[4] *Exp. Eth.*, IV, lect. XVII, 867-868: «Dicit, quod de verecundia non convenit loqui sicut de quadam virtute. Sed magis assimilatur passioni quam habitui, qui est genus virtutis [...] Dicitur enim verecundia esse timor inglorationis, id est confusionis quae opponitur gloriae. Sed timor est passio quaedam. Ergo verecundia est in genere passionis» [«Dice che non è appropriato parlare della vergogna come di una virtù, ma piuttosto assimilarla ad una passione che ad un *habitus*, che è del genere della virtù [...] Si dice infatti che la vergogna sia timore di disonore, cioè del turbamento che si oppone alla gloria. Ma il timore è una passione, perciò la vergogna è del genere delle passioni»].

[5] *Li livres dou Tresor*, II, 27, 2, ed. Francis J. Carmody, Berkeley, University of California Press, 1948, p. 197. «La vergogna è una passione, e la sua nascita rassomiglierebbe alla paura di cose terribili, perché colui che sente vergogna per tutte le cose arrossisce, e chi ha paura diventa pallido. E la vergogna si addice ai bambini e ai giovani perciò che essa li trae dai difetti. Ma essa è biasimevole nei vecchi perché non dovrebbero fare cosa di cui si possano vergognare; e per questo non conviene ad un uomo giusto di fare cose brutte di cui si debba vergognare».

Per Dante:

> [...] e tocca nobilitate, che bene è vera salute, essere là dove è vergogna, cioè tema di disnoranza, sì come è ne le donne e ne li giovani, dove la vergogna è buona e laudabile; la qual vergogna non è virtù, ma certa passione buona [...] però che a loro [scil. ai vecchi e agli studiosi] si conviene di guardare da quelle cose che a vergogna li conducano. A li giovani e a le donne non è tanto richiesto di [guard]are, e però in loro è laudabile la paura del disnore ricevere per la colpa; che da nobilitade viene, e nobilitade si puote credere e in loro chiamare, sì come viltade e ignobilitade la sfacciatezza. Onde buono e ottimo segno di nobilitade è, ne li pargoli e imperfetti d'etade, quando dopo lo fallo nel viso loro la vergogna si dipinge, che è allora frutto di vera nobilitade[6].

È importante sottolineare che tutti gli autori citati convengono sul fatto che la vergogna sia una passione più propria dei giovani, e Aristotele ne spiega il motivo: nelle persone di età avanzata il carattere è ormai definito, e se le persone sono virtuose esse agiscono o si comportano in modo da non aver ragione di sentire vergogna; se invece sono impudenti, allora non sentiranno mai vergogna perché il vizio dell'impudenza è diventato in loro un *habitus*; i giovani, invece, non hanno un carattere ancora ben assestato, e nei casi in cui si comportino male, la vergogna può rendere «reversibile» il loro comportamento e metterli sulla via della virtù. La vergogna, dunque, ha una funzione positiva, ma è un sentimento occasionale e limitato a una fase formativa della vita. Petrarca, come vedremo, sente vergogna da vecchio o, meglio, quando si sente vecchio, cioè in una fase conclusiva della vita in cui rimane pochissimo tempo per la «reversibilità» alla volta della virtù; e siccome il sentimento che il tempo si stia chiudendo dura in lui per molti decenni, dobbiamo concludere che la vergogna l'accompagni per sempre anche se con le oscillazioni del caso: talvolta si manifesta in forma esplicita (e ciò accade in certi punti cruciali della sua storia), talvolta figura in modo potenziale, in forma non consapevole o espressa, piuttosto come bisogno di sentire una vergogna vera che possa volgerlo a una vita di virtù.

[6] *Convivio*, IV, 19, 8-10; ed. Cesare Vasoli, Milano-Napoli, Ricciardi, 1986.

Un'altra linea di pensiero antico sostiene che la vergogna sia una virtù e come tale partecipi dell'*honestum*. Così si legge in Cicerone:

> Sequitur ut de una reliqua parte honestatis dicendum sit, in qua verecundia et quasi quidam ornatus vitae, temperantia et modestia[7];

e in Valerio Massimo:

> A qua [scil. paupertate] tempestivus ad verecundiam transitus videtur: haec enim iustissimis viris praecepit ut privatas facultates neglegerent, publicas quam amplissimas esse cuperent, digna cui perinde atque caelesti numini templa extruantur araeque consecrentur, quia parens est omnis honesti consilii, tutela sollemnium officiorum, magistra innocentiae, cara proximis, accepta alienis, omni loco, omni tempore favorabilem prae se ferens vultum[8].

La tradizione cristiana dei Padri sembra allinearsi con gli autori latini ricordati. Basti per tutti l'esempio di sant'Ambrogio:

> pulchra igitur virtus verecundiae et suavis gratia [...] est enim verecundia pudicitiae comes, cuius societate castitate ipsa tutior est. Bonus enim regendae castitatis pudor est comes[9].

Quanto sia difficile prendere posizione per l'una tesi o per l'altra si capisce leggendo il trattatello che all'argomento dedica Coluccio Salutati. Nei *Tractatus quod medici eloquentiae studeant*

[7] *De officiis*, I, 93: «Ci rimane da discutere di un'ultima parte della rettitudine morale. Qui troviamo la verecondia, che offre quasi un ornamento della vita, e, insieme ad essa, la temperanza e la modestia».

[8] *Factorum dictorumque memorabilium libri*, IV, 5, pr.: «Il passaggio [dalla povertà] alla verecondia sembra opportuno. Questa infatti insegna agli uomini giusti a trascurare le ricchezze private, a desiderare che quelle pubbliche diventino sempre più grandi. Anch'essa merita che le si dedichino, quale divinità, templi degni e le si consacrino altari, perché essa è madre di ogni buon consiglio, è difesa dei più solenni doveri, maestra di purezza, cara ai vicini, accettata dagli estranei in ogni luogo, presentandosi sempre e ovunque con volto aperto e accogliente».

[9] *De officiis ministrorum*, I, 18 (*PL*, XVI, 47-48): «Bella, dunque, è la virtù della verecondia e della grazia soave [...] infatti la verecondia è compagna della pudicizia, e in sua compagnia è la castità più sicura. Il pudore è un buon compagno nel sostenere la castità».

et de verecundia an sit virtus aut vicium (1390), Salutati mette a confronto quella che lui chiama la tesi greca (la vergogna è una passione) e quella romana (la vergogna è una virtù), e propende per la linea romana, non perché riesca a dimostrare veramente che la vergogna sia una virtù, cioè un *habitus* acquisito per libera volontà, ma perché vede che si accompagna a tutte le virtù e in qualche modo prepara loro la strada. Egli termina la sua inchiesta sulla vergogna identificandola nella sua forma più alta con la coscienza:

Timeamus igitur, Anthoni karissime, conscientie nostre secretum et illam quasi testem cunctis que facimus adhibeamus, nec minore concipiamus ex illius conspectu formidinem quam si coram populo turpiter ageremus, et ipsam tanto vehementius timeamus quanto magis scimus eam, non solum videre que gerimus, sed cunctis preassistere que tentamus. Testis est enim consiliorum nostrorum, cogitantibus adest, agentibus comes est, postquam egerimus semper alloquitur, nec permittit quod nobis, si qua male commisimus, placeamus. Non oportet, ut iussit Seneca, quod virum bonum aliquem eligamus, qui semper ante oculos sit habendus, quasi nostrorum actuum spectator et testis. Nos ipsi possumus nobis tam esse Cato quam Lelius. Conscientiam etenim nostram effugere non valemus. Infallibilis testis est, non possumus illam decipere. Non possumus ipsam, sicut illos coram quibus peccaverimus, evitare. Alii de nobis loquuntur ad alios. Illa nobiscum de nobis loquitur. Illa nos accusat, nos convincit, nos iudicat. Ut si noluerimus nos ipsos relinquere, si que nobiscum voluerimus, ut decet hominem, meditari, facile commendabilem pudoris et verecundie habitum in nobis taliter perficere valeamus quod a cunctis turpitudinibus liberi reddemur ad omnia que virtutis sunt nobismet ducibus expediti[10].

[10] Coluccio Salutati, *De nobilitate legum et medicinae – De verecundia*, ed. Eugenio Garin, Firenze, Vallecchi, 1947, pp. 334 e 336: «Dovremmo temere, invece, carissimo Antonio, la voce segreta della nostra coscienza, e invocarla come testimone di ogni nostra azione, e non concepiamo alcun timore diverso da quello che proveremmo agendo in modo turpe davanti ad una folla, anzi temiamola molto di più sapendo che essa non solo scorge quello che facciamo, ma è presente ad ogni moto interiore. Essa è testimone dei nostri propositi, conscia dei nostri pensieri, compagna delle nostre azioni. Essa ci parla ogni volta che abbiamo agito, e non permette che ci congratuliamo con noi stessi se abbiamo agito male. Non è necessario, come diceva Seneca, che ci scegliamo come spettatore un uomo da bene, testimone delle nostre azioni. Noi possiamo essere per noi stessi Catone e Lelio perché non possiamo fuggire alla nostra coscienza; né possiamo evitarla, come faremmo con quelli davanti ai quali abbiamo peccato. Essa parla con noi di noi stessi; ci accusa, ci convince,

In questa linea «romana» la vergogna non è limitata all'età giovanile, anzi, nella misura in cui può esser chiamata virtù, essa è piuttosto riscontrabile tra persone mature. E le discussioni continuano anche nel Cinquecento, come prova Annibale Pocaterra nei suoi *Due dialogi della vergogna*[11], dove si discute se la vergogna sia una virtù o un «affetto» (passione), e si perviene alla conclusione che, se non è propriamente una virtù, è «aurora» di essa[12]. Questi due dialoghi – per altro poco studiati – sono largamente basati su una casistica ricavata da Petrarca e dai petrarchisti; perciò varrebbe la pena tenerli presenti in quanto potrebbero sensibilizzarci a problemi sui quali altrimenti sorvoleremmo. Per esempio, Pocaterra nota che esistono due vergogne: una interna, che porta al pentimento, e una esterna, cioè derivata dal rapporto con gli altri, che ci porta a fuggire dalla gente e a rifugiarci nei boschi, e lo prova citando Petrarca[13]: in effetti proprio nel primo sonetto Petrarca menziona il suo esser «favola» tra le genti, e frequentissimo è il tema di sottrarsi allo sguardo della gente rifugiandosi nella solitudine dei campi e dei boschi. Noi sappiamo che se tale fuga lo libera dalla vergogna pubblica, non può liberarlo dalla vergogna del suo «vaneggiar» che, invece, l'accompagna anche nei boschi, perché quel sentimento di vergogna gli nasce da dentro, dalla sua coscienza.

Alla luce della storia tracciata e di quanto abbiamo fino a ora detto, si capisce che Petrarca andrà inquadrato nella

ci giudica. Pertanto, se non vogliamo abbandonare noi stessi, e se, come si addice agli uomini, vorremo meditare con noi stessi, ci sarà possibile dare a noi stessi un perfetto e lodevole abito di pudore e di vergogna, in grado di renderci liberi da ogni turpitudine, ormai senza impedimenti verso quelle cose che sono proprie della virtù, essendo guide a noi stessi».

[11] Ferrara, Benedetto Mammarelli, 1592. Su quest'autore e la sua opera si veda Giovanni Ricci, *Annibale Pocaterra e i «Dialogi della vergogna». Per la storia di un sentimento del tardo Cinquecento*, in «Annali dell'Istituto storico italo-germanico di Trento», 17 (1991), pp. 43-75, poi rifuso nel suo *Povertà, vergogna, superbia. I declassati fra Medioevo e Età moderna*, Bologna, Il Mulino, 1996, in particolare pp. 97-108; si veda anche W.L. Gundersheimer, *Renaissance Concepts of Shame and Pocaterra 'Dialogi della Vergogna'*, in «Renaissance Quarterly», 47 (1994), pp. 34-56. In questi contributi si trovano ampie indicazioni bibliografiche degli studi storici e filosofici sulla vergogna.

[12] Pocaterra, *Due dialogi della vergogna*, cit., p. 72.

[13] *Ibidem*, p. 94.

«linea romana», ma indubbiamente con un profilo originale e complesso, pur senza escludere il tipo di vergogna occasionale previsto dalla «linea greca», linea per altro normale in un libro che affida molta della sua veracità alla componente «diaristica». In ogni modo si profila già la nozione che se la vergogna non è proprio una virtù, essa è, o dovrebbe essere (la distinzione sarà importante), aurora di virtù, quasi una cerniera fra due modi di vita diversi, senz'altro uno sprone a cambiar vita orientandola verso valori superiori. Il *Canzoniere* è in gran parte la storia dell'inefficacia di tale sprone. Ripercorriamo quella storia guardandola dall'angolo del sentir vergogna.

Il sostantivo «vergogna», l'aggettivo «vergognoso» e il verbo «vergognare» appaiono complessivamente una ventina di volte nel *Canzoniere*, e quasi esclusivamente nella prima parte: e già questa suddivisione non deve esser priva di significato. Alcune attestazioni non hanno pertinenza alcuna con la «vergogna» dell'autore, ma si riferiscono ad eventi o atti infamanti. Per esempio:

> De l'empia Babilonia ond'è fuggita
> ogni vergogna (son. 114, 1-2),

in cui il significato è quello di «depravazione» o «azione disonesta»; o anche, nella canzone «Spirto gentil»:

> Io parlo a te, però ch'altrove un raggio
> non veggio di vertù, ch'al mondo è spenta,
> né trovo chi di mal far si vergogni (53, 7-9);

o anche:

> Il mal mi preme, e mi spaventa il peggio,
> al qual veggo sì larga e piana via,
> ch'i' son intrato in simil frenesia
> et con duro penser teco vaneggio;
> né so se in guerra o pace a Dio mi cheggio,
> che 'l danno è grave, et la vergogna è ria (son. 244, 1-6)

dove «vergogna ria» si riferisce alle condizioni ignominiose imposte dai Veneziani ai Carrara di Padova in cambio della cessazione delle ostilità. Naturalmente in casi del genere la nozione di vergogna, intesa come sinonimo di disonore, è sempre riferita a fatti o circostanze che non riguardano direttamente la storia d'amore di Petrarca; tuttavia dicono che il suo protagonista principale anche in questi casi (certamente nei primi due) leghi la vergogna alla coscienza.

In altri casi:

> Nudo, se non quanto vergogna il vela (son. 151, 10)

si riferisce a Cupido, e qui «vergogna» acquista il significato originario, addirittura «adamitico», di «pudore nei riguardi degli organi sessuali». Altre attestazioni contengono il significato di «temenza di disonore», e possono apparire sotto forma di massima; ad esempio, nel sonetto «Vincitore Alessandro l'ira vinse», nella terzina di chiusura, si legge:

> Ira è breve furore, et chi nol frena,
> è furor lungo, che 'l suo possessore
> spesso a vergogna, et talor mena a morte (son. 232, 12-14).

Nel complesso, i passi riportati inventariano accezioni comuni e comunque sempre estranee alla storia d'amore del *Canzoniere*, e l'unica funzione che possono svolgere nel nostro discorso è quella di semplice *background* contro il quale risaltano meglio le accezioni «personalizzate», legate alla vicenda del protagonista.

La prima volta (prescindendo dal proemio) che l'autore dichiara di aver sentito vergogna è nel sonetto 20 che comincia:

> Vergognando talor ch'ancor si taccia,
> donna, per me vostra bellezza in rima,
> ricorro al tempo ch'i' vi vidi prima,
> tal che null'altra fia che mai mi piaccia (son. 20, 1-4).

Il poeta, dunque, si vergogna di non aver cantato la bellezza di Laura. L'affermazione è singolare perché egli si vergognerebbe di non aver avviato quella storia d'amore in rime della quale più tardi si vergognerà; però non dovremmo darle gran peso perché affermazioni del genere sono modi iperbolici di dire quanto gli strumenti del poeta siano inferiori al pregio della donna. Tuttavia vale la pena sottolinearne la posizione perché proprio agli inizi del *Canzoniere* quel sentimento di vergogna ha un valore asseverativo notevole, implicando un senso di urgenza e di inevitabile legame tra amore e poesia. Il poeta non solo accetta la fatalità del suo amore ma si precipita a celebrarlo: così già si prevede quanto sarà difficile trovare attenuanti per la sua colpa. E quale sia la natura del suo amore lo capiamo dalla seconda e vicinissima menzione di «vergogna» che però questa volta, per altro unica, riguarda Laura:

> Io, perché d'altra vista non m'appago,
> stetti a mirarla: ond'ella ebbe vergogna;
> e per farne vendetta, o per celarse,
> l'acqua nel viso co le man' mi sparse (23, 152-155).

Il passo citato, ricavato dalla «canzone delle metamorfosi», riguarda il mito di Atteone; ma anche senza questo riferimento il significato sarebbe trasparente: lo sguardo del poeta è concupiscente e per questo suscita il pudore o vergogna di Laura. Si ricordi che siamo agli inizi, se non proprio nel pieno, della fase «petrosa» o del più acceso erotismo del *Canzoniere*, e lo prova anche il fatto che alla vergogna sentita da Laura non corrisponda un segno di coscienza o di colpevolezza da parte di chi la guarda bramandola.

Il poeta non sente vergogna o rimorso quando la lingua gli si paralizza:

> Perch'io t'abbia guardato di menzogna
> a mio podere et honorato assai,
> ingrata lingua, già però non m'ài
> renduto honor, ma facto ira et vergogna:
>
> ché quando più 'l tuo aiuto mi bisogna
> per dimandar mercede, allor ti stai
> sempre più fredda, e se parole fai,
> son imperfecte, et quasi d'uom che sogna (son. 49).

Anche in questo caso la lingua non è sufficiente a dire l'intensità del desiderio erotico che chiede «mercede», e la vergogna è quella di chi sente un'inadeguatezza temporanea.

Molto più difficile da spiegare è la vergogna di cui si parla nel sonetto 67, componimento di interpretazione tutt'altro che facile:

Del mar Tirreno a la sinistra riva,
dove rotte dal vento piangon l'onde,
sùbito vidi quella altera fronde,
di cui convien che 'n tante carte scriva.

Amor che dentro a l'anima bolliva,
per rimembranza de le treccie bionde
mi spinse, onde in un rio che l'erba asconde
caddi, non già come persona viva.

Solo ov'io era tra boschetti e colli,
vergogna ebbi di me, ch'al cor gentile
basta ben tanto, et altro spron non volli.

Piacemi almen d'aver cangiato stile
dagli occhi a' piè, se del lor esser molli
gli altri asciugasse un più cortese aprile.

Di questo sonetto abbiamo dato un'interpretazione per una *lectura Petrarcae*[14] e a essa si rimanda per spiegare la situazione e le immagini, specialmente quella del fiume e del «pediluvio». In questa sede importa ricordare che il componimento si trova in un contesto che è propriamente un «ciclo», o microtesto, che potremmo chiamare del «rimorso»; in effetti in esso culmina la fase «petrosa» del *Canzoniere* per cui la vergogna/pentimento prelude alla fase che possiamo dire «stilnovistica», inaugurata dal «ciclo» delle canzoni «degli occhi», e caratterizzata da un erotismo meno intenso e da un prevalere della lode per l'amata. È una crisi che porta a un vero «cangiamento di stile»; e se si vuole indicare il punto preciso in cui la svolta prende avvio, bisogna indicarlo proprio nel sentimento di vergogna al quale il poeta fa un preciso riferimento. Perché sente vergogna? Non c'è da sorprendersi dal momento che chiunque la sentirebbe se venisse sorpreso a correre verso un albero per abbracciarlo come se fosse una donna amata. Ma il protagonista, che non viene visto da nessuno, non corre ad abbracciare un albero

[14] *Lettura del sonetto LXVII*, cit. alla nota 2.

qualsiasi, bensì l'alloro in cui s'incarnano Laura e la Gloria, ossia i simboli di tutto ciò che egli ama; anzi non ama, ma concupisce in modo addirittura perverso perché scambia i segni del suo amore per l'oggetto dell'amore stesso. In uno stato di vera allucinazione egli prende i segni per la realtà e i simboli per esseri concreti: in questo egli rassomiglia a Pigmalione il cui amore trasformò in donna vera la statua che la rappresentava e che egli stesso aveva scolpito. Questo pigmalionismo è una versione deteriore del narcisismo, perché, mentre Narciso ama la propria ombra, Pigmalione ama come cosa vera e intensamente desidera possedere ciò che egli stesso produce. L'inaspettato contatto con l'acqua fredda riporta l'allucinato amante alla realtà, e il primo segno di autocoscienza è la vergogna alla quale s'accompagna il rimorso. Per la prima volta appare quel tipo di vergogna indicata nel proemio. Il sonetto 67 non fa pensare immediatamente a una meditazione o ripensamento su tutta una vita, come accade nel primo sonetto; tuttavia la presenza dell'alloro e la posizione del sonetto non lasciano dubbi sul fatto che la vergogna in questo caso abbia una motivazione profonda, affatto intima, come dimostra anche l'assenza di spettatori. In questo caso, dunque, non si tratta di vergogna come «temenza di disonore», quanto invece di rimorso e ravvedimento con motivazione che ha radice nella coscienza.

Ora, se non sorge dubbio sull'autenticità di tale sentimento, non è ancora possibile stabilirne il livello d'intensità perché il pentimento che ne consegue porta, sì, ad un mutamento di stile ma non ancora a un abbandono della causa prima del tutto, ossia dell'amore per Laura e per l'alloro. Bisogna fare molta strada prima che ciò avvenga, ma è già chiaro che nessuna svolta decisiva avverrà senza che la vergogna entri nel processo con la funzione di motore primario. Nel corso di tutto il *Canzoniere* Petrarca avrà modo di mostrare che anche nel sentire vergogna si può essere «professionisti», anzi che sia necessario esserlo perché, quando la professionalità attingerà il suo punto ottimale, solo allora la vergogna produrrà quella volontà necessaria per eliminare alla radice ciò che la provoca. Nel frattempo i tentativi di pervenire a quel punto appaiono come un tirocinio o un processo continuo in cui i fallimenti costituiranno un motivo ulteriore di vergogna, un motivo su cui si trascrive la storia di un protagonista tormentatissimo dalla debolezza della propria volontà.

Per un bel pezzo il tema della vergogna scompare, ma non disperiamo di ritrovarlo: succede spesso che in Petrarca i silenzi corrispondano a pause o stacchi dopo i quali un determinato tema riemergerà modificato e rafforzato. Riappare, infatti, dopo una cinquantina di componimenti, precisamente nella canzone 119, nota come la «canzone della Gloria» per il dialogo che vi si svolge tra il poeta e la Gloria. Questa promette al poeta di fargli vedere una donna bellissima che farà sempre più felici i suoi occhi:

> I' volea dir: – Quest'è impossibil cosa –;
> quand'ella: – Or mira – et leva' gli occhi un poco
> in più riposto loco –
> donna ch'a pochi si mostrò già mai. –
> Ratto inchinai la fronte vergognosa,
> sentendo novo dentro maggior foco;
> et ella il prese in gioco,
> dicendo: – I' veggio ben dove tu stai.
> Sì come 'l sol con suoi possenti rai
> fa sùbito sparire ogni altra stella,
> così par men bella
> la vista mia cui maggior luce preme.
> Ma io però da' miei non ti diparto,
> ché questa et me d'un seme,
> lei davanti et me poi, produsse un parto. –
>
> Ruppesi intanto di vergogna il nodo
> ch'a la mia lingua era distretto intorno
> su nel primiero scorno,
> allor quand'io del suo accorger m'accorsi;
> e 'ncominciai: – S'egli è ver quel ch'i' odo,
> beato il padre, et benedetto il giorno
> ch'à di voi il mondo adorno,
> et tutto 'l tempo ch'a vedervi corsi;
> et se mai da la via dritta mi torsi,
> duolmene forte, assai più ch'i' non mostro;
> ma se dell'esser vostro
> fossi degno udir più, del desir ardo (119, 61-90).

Perché Petrarca abbassa la fronte «vergognosa»? È un segno di riverenza oppure di consapevolezza che la Virtù sia una donna ancora più bella della Gloria, ed egli si vergogna di non averla seguita prima? Il poeta si dichiara un devoto della nuova amante, ma la canzone poi si chiude con la sua coronazione da parte della Gloria, e sembra ch'egli sia disposto a seguire di nuovo lei anziché la Virtù. La canzone è «di ragion oscura», come avverte il poeta stesso nella chiusa; ma rimane almeno chiaro il fatto che la vergogna sia il sentimento necessario per realizzare il passaggio da un amore all'altro. C'è inoltre da considerare che il poeta arrossisce di se stesso quando riflette sul modo in cui ha vissuto, quando medita, si direbbe, sul tempo e sul come l'ha utilizzato: non si tratta, dunque, di vergogna occasionale, determinata da un evento o da un dato episodico, bensì da tutta una maniera di vita, dal modo che il poeta ha tenuto nel seguire un amore anziché un altro: la vergogna, insomma, nasce da un esame del tempo passato e da una valutazione del modo in cui è stato investito. Essa spunta quindi in momenti che fanno prevedere un mutamento di vita, ed è questa la prima volta, dopo il proemio, in cui affiora drammaticamente un albore di coscienza con l'imperativo o il desiderio di mutar vita; ma quanta strada rimanga da percorrere prima che si traduca in azione si può capire pensando che siamo appena a un punto che chiude quasi esattamente il primo terzo del *Canzoniere*.

Alla luce di quanto abbiamo detto, è comprensibile che la vergogna sia un sentimento che affiora solo a grandi intervalli, in punti nevralgici della storia, punti di vera svolta, potenziale o reale o parziale che sia: una presenza più frequente ne diminuirebbe il valore, ne diluirebbe il vigore, e potrebbe perfino rendere ridicolo un personaggio il quale la sentisse giornalmente senza mai arrivare a una conversione, a un mutamento. In effetti riaffiora dopo una lunga campata nella canzone 207:

> Ben mi credea passar mio tempo omai
> come passato avea quest'anni a dietro,
> senz'altro studio et senza novi ingegni:
> or poi che da madonna i' non impetro
> l'usata aita, a che condutto m'ài,
> tu 'l vedi, Amor, che tal arte m'insegni.
> Non so s'i me ne sdegni,
> che 'n questa età mi fai divenir ladro
> del bel lume leggiadro,
> senza 'l qual non vivrei in tanti affanni.
> Così avess'io i primi anni
> preso lo stil ch'or prender mi bisogna
> ché 'n giovanil fallire è men vergogna (207, 1-13).

Qui, ancora una volta, la vergogna è associata al tempo della vita vissuta. E a proposito di «ruberie», vale la pena ricordare che il sentimento di vergogna come sinonimo di imbarazzo appare in uno dei tre sonetti dedicati al breve ciclo «dono/furto del guanto» e precisamente nel momento in cui Laura richiede il guanto che le sarebbe stato rubato:

Né mi riede a la mente mai quel giorno
che mi fe' ricco et povero in un punto,
ch'i' non sia d'ira et di dolor compunto,
pien di vergogna e d'amoroso scorno,

che la mia nobil preda più non stretta
tenni al bisogno, et non fui più constante
contra lo sforzo sol d'un'angioletta;

o, fugendo, ale non giunsi a le piante,
per far almen di quella man vendetta
che de li occhi mi trahe lagrime tante (son. 201, 5-14).

Certo, qui la vergogna non ha una dimensione esistenziale, ma serve a sottolineare una disposizione nei riguardi di essa in quanto chi la sente ha la dote della *innocentia*, ossia quel sentimento che, stando alla definizione di Guillaume de Conches[15], fa sentire come gravi le colpe minime e preterintenzionali, e che perciò tormentano le anime nobili: «come t'è picciol fallo amaro morso», diceva Dante di Virgilio. Così nella lunga «campata» tra due drammatici attacchi di vergogna, viene a farci sorridere un episodio che solo un animo nobile può sentire come colpa. Effettivamente può succedere che, anche nei casi in cui si parli di vergogna relativamente al protagonista, la si intenda come imbarazzo o timore, e non sempre come rimorso.

[15] «Innocentia est puritas animi omnem iniuriae illationem abhorrens [...]. Hanc qui servare volet, omnia scelera sua, scilicet minima, extimet magna» [«La *innocentia* è purezza d'animo che aborrisce arrecare qualsiasi tipo di offesa... Chi volesse conservarla deve considerare tutte le proprie colpe come grandi anche quelle che sono minime»]; *Moralium dogma philosophorum,* ed. J. Holmberg, Uppsala, Almqvist & Viksell, 1929, p. 25. Su questo tema si veda il mio *L'innocentia di Virgilio*, in «LIA (Letteratura Italiana Antica)», 6 (2006), pp. 237-240.

Tale mi sembra l'accezione con cui la troviamo nel sonetto 224, dove «vergogna» potrebbe essere sinonimo di timore:

> se ne la fronte ogni penser depinto,
> od in voci interrotte a pena intese,
> or da paura or da vergogna offese (son. 224, 5-7).

Molto più interessante è il caso, alcuni componimenti più tardi, in cui il poeta teme di essere visto piangere per amore perché ciò gli causerebbe vergogna:

> O cameretta che già fosti un porto
> a le gravi tempeste mie dïurne,
> fonte se' or di lagrime nocturne,
> che 'l dì celate per vergogna porto (son. 234, 1-4).

È l'ultima attestazione di vergogna nella parte «in vita» del *Canzoniere*, ed è l'unica occasione, dopo il sonetto proemiale, in cui la vergogna venga associata all'idea di un pubblico, al giudizio del «popol tutto». La sua rilevanza dipende in buona misura dalla prossimità alla conclusione della parte «in vita», perché solo allora sembra emergere una delle «due vergogne» di Petrarca, precisamente quella «della figura pubblica», annunciata anch'essa nel primo sonetto e poi dimenticata. Eppure la rarità di questo genere di vergogna è solo apparente, e la nostra impressione è dovuta principalmente al fatto che si mimetizzi sotto la veste tematica della fuga nei boschi. Nel *Canzoniere* la fuga dal consorzio delle genti è di solito motivata da un senso di orgoglio e dal conseguente disprezzo per il «volgo»: dopo tutto l'amore per Laura e per la gloria saranno peccaminosi ma non sono certo volgari; e se la gente ne fa oggetto di favola e di derisione, i boschi possono proteggerlo da quel basso vilipendio, senza dire che, come vedremo, la solitudine dei campi e dei boschi propizia meditazioni e soliloqui meditativi. In una situazione simile la vergogna è temperata dall'orgoglio perché la «paura di disonore» è molto minore quando i giudici siano inferiori, mentalmente e socialmente, ai giudicati. Anzi una derisione da parte di «altri» ritenuti inferiori promuove un sentimento di orgoglio o di singolarizzazione che sfocia addirittura in superbia. Ma la superbia è un peccato grave e la coscienza di esservi caduto può suscitare vergogna, senza dire che il creare scandalo è cosa di per se stessa vergognosa. Si direbbe che nel sonetto «O cameretta che già fosti un porto» (234) l'amante solitario percepisca questo pericolo e si riconcili parzialmente con quel volgo che pur detesta. Lo dicono le terzine:

> Né pur il mio segreto e 'l mio riposo
> fuggo, ma più me stesso e 'l mio pensero,
> che, seguendol, talor levòmmi a volo;
>
> e 'l vulgo a me nemico et odïoso
> (chi 'l pensò mai?) per mio refugio chero:
> tal paura ò di ritrovarmi solo.

È un'ammissione che dice di un mutamento: Petrarca sente vergogna o pudore di fronte al giudizio del volgo per cui controlla le lacrime in pubblico. E lo fa perché sa di avere in quella folla un potenziale aiuto in quanto la compagnia degli altri, di *tutti* gli altri, lo protegge contro se stesso. Comunque il calcolo ha una portata maggiore rispetto a quel tipo di salvezza che sa più di espediente e di compromesso temporaneo che di vero mutamento: Petrarca capisce che dovrà includere nella sua *audience* anche il volgo se vuole che la sua storia acquisti tutta la pienezza della sua esemplarità. Infatti, per chi sarebbe esemplare una storia come la sua? per pochi dotti o per l'intera umanità, o almeno per tutti quelli che hanno esperimentato amore? La risposta sta in quel «Voi» con cui si apre il primo sonetto dell'intero *Canzoniere* (è un punto su cui torneremo), ed è fuor di dubbio che il pubblico di Petrarca non sia costituito soltanto dai «fedeli d'amore» o dagli amanti cortesi, quanto da tutti quei peccatori che sappiano capire e perdonare. Pertanto non sarà un caso se nel primo sonetto Petrarca parla di «popol tutto» anziché di «vulgo», connotando così in senso cristiano il «vulgus» dei classici, come se col senno del poi riconoscesse in quell'antico avversario uno dei tanti strumenti che hanno contribuito a fargli trovare, o per lo meno a fargli cercare, la retta via nella meditazione fatta nella solitudine dei campi. Solo molto tardi l'amante capirà questa funzione, dopo che per lungo tempo ha mantenuto un atteggiamento ostile verso quelli dei quali ora sollecita l'ascolto e l'attenzione. L'antagonismo si manifesta nel tema della ricerca di solitudine, nella fuga nei campi e nei boschi, e non nel «tema della vergogna»; ma basta quel poco che leggiamo nel sonetto «O cameretta che già fosti un porto» per capire come anche questo tipo di vergogna abbia la sua storia, la sua evoluzione e la sua importanza all'interno del *Canzoniere*.

Tiriamo una prima conclusione. Dalla ricerca svolta fino a ora vediamo che il senso di vergogna come «coscienza dolorante» è abbastanza raro perché soltanto due sono le attestazioni aventi tale significato: la prima è quella del sonetto 67 che porta il poeta a «cambiar stile» e la seconda compare nella canzone 119, mentre tutte le altre sembrano riferirsi a occasioni specifiche, a momenti di imbarazzo anziché a un comportamento generale e abituale, a un vero stile di vita. I risultati sembrerebbero deludenti, e quindi la ricerca sarebbe stata pressoché inutile. Eppure non tutto è perso poiché i risultati cui siamo pervenuti erano in parte prevedibili e la presente ricerca sarà servita almeno a confermarli. Anzi, a pensarci meglio, ci stupirebbe trovare una presenza molto più assidua della vergogna perché ciò verrebbe a dire o che si tratti di un sentimento superficiale o che Petrarca sia un uomo dalla volontà così debole da essere assolutamente privo di ogni capacità di rimuovere le cause delle sue vergogne. Le riluttanze e le oscillazioni sono caratteriali in Petrarca, ma egli non dimentica che l'esemplarità alla quale mira il suo racconto andrebbe persa del tutto se attribuisse a se stesso l'incertezza ridicola di chi non sa fare un passo avanti senza farne subito uno indietro; semmai egli sa benissimo di raggiungere meglio il suo scopo presentando quelle oscillazioni e incertezze come il risultato di un viaggio dilemmatico, un viaggio che punta a un pentimento vero ma a patto che questo non lo costringa a rimuovere del tutto la causa dello stesso. L'impresa è difficilissima e sotto tanti aspetti ingiusta, dilaniante, ed è per questo che la vergogna non vince mai il male che la causa; ma sentirla ogni tanto, fino al momento in cui questa vittoria sarà possibile, significa conferirle non una funzione definitiva ma una funzione perfettiva: solo quando la vergogna sarà autentica e dissociata da ogni compromesso scatterà la volontà di redenzione. Se ogni volta fosse una vergogna perfetta la storia del *Canzoniere* sarebbe finita molte volte, almeno una volta col sonetto 67 e un'altra con la canzone 119; invece la rarità con cui essa affiora dice che anche la vergogna-rimorso richiede una maturazione, una vera perfezione che non può venire solo dalla mente, ma deve nascere in primo luogo da un autentico amore del meglio.

Eppure qualcosa disturba in questa vicenda, e non sappiamo esattamente cosa sia. Peccare, pentirsi, ricadere nel peccato, pentirsi nuovamente... è un'altalena tutt'altro che insolita nella vita di un normale cristiano; comunque due episodi di autentica vergogna avrebbero pur dovuto avere conseguenze più tangibili. Intanto, quale sarebbe questo grande peccato che suscita vergogna altrettanto grande? Può mai essere il peccato di lussuria – come generazioni di lettori ripetono – se questa rimane sempre inappagata e se a un certo punto della storia viene perfino modificata in senso «stilnovistico»? Nessun poeta prima di Petrarca ha considerato peccato l'amore per una donna, e neppure la dottrina cristiana ha condannato l'amore perché esso è un fatto voluto dalla natura per perpetuare la specie umana; la dottrina cristiana chiede solo che l'accoppiamento di uomo e donna sia sacralizzato dal matrimonio. Può mai essere la gloria, la ricerca della fama, dell'alloro? Ma neppure questo è veramente un peccato di cui vergognarsi e di cui chiedere perdono al Signore: dopo tutto la fama contiene il segreto dell'esemplarità, e chi vuole persuadere il bene riesce meglio nel suo intento se la fama l'accompagna. Potrebbe essere il fatto di aver scritto poesia, e di aver usato le proprie risorse intellettuali in un'attività frivola? Potrebbe essere il fatto che l'amore per una donna e l'amore per la gloria lo abbiano distratto per troppo tempo e gli abbiano impedito di dedicare la propria vita a fini più alti e duraturi? Sarà che la perdita irreparabile del tempo e i pochi frutti che ne ha ricavato siano motivo di tanta vergogna? Non possiamo rispondere con certezza, o meglio non possiamo escludere che sia una di queste ragioni o che siano tutte insieme; e vediamo anche che non tutte queste ragioni offrono uguali resistenza a un eventuale mutamento di vita. L'amante, che si studia e legge nella propria anima, non è stato in grado di comunicarci in modo univoco il motivo della sua vergogna. E avvertiamo che proprio per questo egli vive in uno stato di irrequietezza, di infelicità, con un senso costante di qualcosa di inappagato, di quella 'dispersione' del proprio io alla quale ha dedicato il *Secretum*. Sono sintomi e non abbiamo ancora una diagnosi. Gli elementi per arrivare ad essa verranno in seguito, quando capiremo che lo sforzo dell'amante per correggere la dispersività della sua vita e arginare la fonte della propria infelicità è orientato in un senso che non porta ad alcun rimedio effettivo: egli vuol portare quei sentimenti d'amore sotto il dominio della ragione, e sente che un successo in tal senso non porterà a una vera e piena felicità; porterà un freddo vuoto. Per questo la vergogna che sente nei momenti di maggior sincerità rimane inerte e non stimola una volontà autentica di mutamento. Ciò avverrà soltanto quando non l'amore, ma il modo di amare sarà causa di vergogna; ma perché ciò accada è necessario una *mutatio animi* orientata verso l'amore divino e non verso le virtù della ragione. È un punto sul quale torneremo. Per il momento vediamo che la vergogna ha svolto una funzione perfettiva, ma in una direzione senza sbocco. Quella che abbiamo visto fino ad ora sembra figlia della ragione piuttosto che della coscienza.

Per trovare nuove menzioni del sentimento di vergogna dobbiamo passare alla canzone 264 che apre la parte «in morte di Laura»:

> Signor, ché non togli
> omai dal volto mio questa vergogna? (264, 86-87).

La vergogna si riferisce ai «due nodi», ossia l'amore per la Gloria e l'amore per Laura. E sempre nella stessa canzone:

> Or ch'i' mi credo al tempo del partire
> esser vicino, o non molto da lunge,
> come chi 'l perder face accorto et saggio,
> vo ripensando ov'io lassai 'l viaggio
> da la man destra, ch'a buon porto aggiunge:
> et da l'un lato punge
> vergogna et duol che 'ndietro mi rivolve;
> dall'altro non m'assolve
> un piacer per usanza in me sì forte
> ch'a patteggiar n'ardisce co la morte (117-126).

Così, anche *in limine* della parte «in morte», troviamo nuovamente una dichiarazione di vergogna che ha cause remote e persistenti (invero un'intera vita!) ma ha effetti tardi e venuti alla luce grazie a momenti di illuminazione. La canzone apre la seconda parte del *Canzoniere* ma Petrarca la finge composta prima della morte di Laura per dare alla crisi in corso una motivazione puramente interiore[16]. In effetti è una canzone di «crisi» o di ripensamento o di riesame di tutta la propria vita per stabilire quale ne sia stato il vettore o l'orientamento, per capire se l'abbia vissuta come avrebbe dovuto e voluto viverla, ed eventualmente per far scaturire da quell'esame propositi di correzione di rotta. Sono questi i momenti in cui il sentimento di vergogna-rimorso acquista la sua massima potenza, rinvigorita e resa urgente dal sentire l'imminenza della morte, per cui la crisi assume il posto di un esame di coscienza fatto *in puncto mortis*. Questa canzone svolge in modo analogo un tema affine a quello presentato nella canzone 119, dove, come s'è visto, la vergogna nasce dall'esame dell'impostazione data alla propria vita. Non è un caso dunque che in entrambe le canzoni la vergogna appaia con la stessa valenza e come fonte dell'imperativo morale che indica nell'amore dei beni eterni il solo perno su cui operare un mutamento di vita. Non è un caso, dunque, se entrambe le canzoni abbiano i legami più stretti con il *Secretum*[17].

Dopo questa profonda presa di coscienza, il motivo della vergogna scompare: si direbbe che la consapevolezza si sia tradotta finalmente in azione, e il proposito di vivere in modo virtuoso abbia finito col prevalere. Eppure non è proprio così: ce lo dice il sonetto 355, un componimento che non solo è vicinissimo alla chiusura dell'opera ma che contiene una delle spiegazioni più mature della «vergogna» di Petrarca, e per questo bisogna riportarlo per intero:

O tempo, o ciel volubil, che fuggendo
inganni i ciechi et miseri mortali,
o dì veloci più che vento et strali,
ora *ab experto* vostre frodi intendo:

ma scuso voi, et me stesso riprendo,

[16] Cfr. Santagata, *I frammenti dell'anima*, cit., pp. 157-158, nonché il «cappello» al commento della canzone nella sua ed. cit., p. 1055.

[17] Nel *Secretum* viene trattato in vari punti il tema della vergogna, ad esempio I, 30; II, 68; III, 174, e *passim* (ed. Enrico Fenzi, Milano, Mursia, 1992).

ché Natura a volar v'aperse l'ali,
a me diede occhi, et io pur ne' miei mali
li tenni onde vergogna et dolor prendo.

Et sarebbe ora, et è passata omai,
di rivoltarli in più sicura parte,
et poner fine a li 'nfiniti guai;

né dal tuo giogo, Amor, l'alma si parte,
ma dal suo mal: con che studio tu 'l sai;
non a caso è vertute, anzi è bell'arte.

Nuovamente il sentimento di vergogna spunta nello stesso momento in cui il poeta avverte l'approssimarsi della morte. La vergogna-rimorso allarga il campo delle sue cause, e coincide con la consapevolezza di aver perduto o sprecato il tempo, di non averlo usato per costruire un futuro. Il tempo dà la misura di quanto sia stata persistente la passione amorosa, e di quanto a lungo l'amante abbia rimandato e continui a rimandare la decisione di rinunciare a quelle cose che il tempo consuma e toglie a chi più crede di possederle proprio perché questi le gode con il ritmo del tempo. La vergogna non fa scattare ancora la volontà; ma è molto importante che essa abbracci ormai tutta la vita, o meglio tutto un modo di vita, un vero *habitus*, perché al momento giusto (e sarà ormai il primo sonetto) potrà avere un valore veramente catartico, un ripudio integrale di tutto un modo di vita anziché di una colpa o di più colpe particolari.

La vergogna di Petrarca rimane pur sempre «aurora di virtù», indice di animo nobile; ma se non adempie alla funzione che le sarebbe propria, cioè rimuovere la causa che la provoca, essa risulta piuttosto indice di un vizio che si chiama accidia o abulia, vizio tanto più tormentante quanto maggiore è la consapevolezza di esserne vittima. Petrarca ci dimostra che non si può comandare alla propria volontà, perché la volizione scaturisce dall'intenso desiderio di un obiettivo, e per il momento gli obiettivi in lui sono due: uno dettato dal cuore e uno dalla ragione, e purtroppo sono obiettivi in conflitto e ugualmente forti. Il sapersi irrisoluto, incapace di decidere e magari scegliere quel bene che la ragione gli indica, è causa di nuova vergogna, segno di fallimento, indicazione delle sue cadute, ma nello stesso tempo implicano un desiderio intenso di risollevarsi. Tutto questo suscita nel lettore l'aspettativa di un'uscita dall'*impasse*, e questa non potrà venire se non da un balzo della volontà verso il bene assoluto. Prima che si arrivi a sciogliere la trama di questo lento e tormentato romanzo, il lettore capisce che la vergogna dovrà produrre il frutto dovuto, cioè il pentimento autentico; e insieme a questo sarà la vergogna più vera che si trova nel fondo della coscienza e non negli assolati campi della ragione.

Ora, arrivati a questo punto del *Canzoniere*, si avverte l'imminenza di una conclusione o per lo meno di una crisi perché l'intelligenza con cui il protagonista vede le cadute e le limitazioni proprie è così lucida che non può non portare ad una risoluzione o quanto meno a dichiarare l'impossibilità di procedere oltre. Eppure, anche *in extremis*, quell'intelligenza lavora a cercare un compromesso: non una rinuncia totale all'amore, causa della vergogna, ma solo a ciò che esso ha di male. Nel motivare la vergogna non si può mai arrivare all'autodisprezzo perché se fossimo del tutto calati nell'errore saremmo degli impudenti, delle persone incapaci di sentire la minima vergogna, pertanto del tutto irredimibili. L'amore di Petrarca non era tutto cattivo, anzi ha avuto lati positivi: grazie a esso Petrarca trova in Laura una guida dal paradiso benché preferisca ricordarla in questa terra; grazie a questo amore l'amante ha vissuto una vita di continua ricerca, torturato dall'ansia di conoscere il vero bene e soprattutto di volerlo. In fondo il *Canzoniere* è soprattutto la storia della ricerca ansiosa di un approdo a uno stato di serenità o di pace interiore, la storia di un eroe che cade e si risolleva, la storia di un saggio che conquista o che vuole conquistare la sua saggezza, e in questa lotta mostra la sua matrice stoica. La *queste* è eroica e nobilitante, indipendentemente dai risultati ottenuti. Se arriva tardi alla vittoria o non ci arriva affatto è perché le difficoltà che lo trattengono sono potenti, e per questo la storia della sua ricerca e dei suoi ripetuti tentativi di imboccare la strada giusta acquista un forte valore esemplare.

Che questo amore non sia stato del tutto negativo lo si capisce ancora dalla canzone 360, quella specie di «tribunale» o corte della Ragione dove il poeta porta in causa Amore, accusandolo di averlo traviato. Ma Amore si difende da par suo, ricordando innanzitutto di aver avuto un ruolo positivo quando nella prima giovinezza strappò l'autore dagli studi giuridici ovvero dalle parole «menzognere» del diritto – non sfuggirà l'ironia di un argomento del genere proprio in un tribunale! – e l'avrebbe portato alla gloria con la poesia d'amore per Laura:

> Questi in sua prima età fu dato a l'arte
> di vender parolette, anzi menzogne;
> né par che si vergogne,
> tolto da quella noia al mio dilecto,
> lamentarsi di me, che puro et netto,
> contra 'l desio che spesso il suo mal vòle,
> lui tenni, ond'or si dole,
> in dolce vita, ch'ei miseria chiama:
> salito in qualche fama
> solo per me, che 'l suo intellecto alzai
> ov'alzato per sé non fôra mai (360, 80-90).

E Amore continua dicendo che la sua presenza e influenza hanno raffinato il poeta e l'uomo da cui ora si sente detestare:

> Et per dir a l'extremo il gran servigio,
> da mille acti inhonesti l'ò ritratto,
> ché mai per alcun pacto
> a lui piacer non poteo cosa vile:
> giovene schivo et vergognoso in acto
> et in penser, poi che facto era huom ligio
> di lei ch'alto vestigio
> li 'mpresse al core, et fecel suo simìle.
> Quanto à del pellegrino et del gentile,
> da lei tene, et da me, di cui si biasma.
> Mai nocturno fantasma
> d'error non fu sì pien com'ei ver' noi:
> ch'è in gratia, da poi
> che ne conobbe, a Dio et a la gente.
> Di ciò il superbo si lamenta et pente (360, 121-135).

Così, ancora al limite estremo dell'opera, l'incapacità di voltare le spalle a quell'amore terreno, di ritenerlo soltanto un fatto negativo, ripropone l'irrisolutezza dell'autore. La vergogna tende a diventare un sentimento permanente, incapace di far scattare la volontà di appetire soltanto quel bene che la ragione giudica supremo.

Ma qualcosa di inaspettato accade alla fine della canzone: la ragione si astiene dall'intervenire con un giudizio, e ciò libera la via ad una serie di mutamenti strategici nella ricerca della felicità. La ragione si eclissa e subentra la Fede a orientare la ricerca della felicità; e a quel punto il pentimento sincero porta alla preghiera. Su questo momento di svolta capitale torneremo presto per vedere la «crisi della ragione» e il suo significato. Per il momento ricordiamo che gli ultimi componimenti del *Canzoniere* sono di pentimento sincero, e in essi non v'è menzione di vergogna perché non ne esiste più la causa; quindi a quei sonetti segue la preghiera alla Vergine. È una sublime manifestazione di fede, di quella vera fede cristiana nella quale trova radice quella volontà che né la vergogna né la ragione riuscivano a far scattare. Credere intensamente non può non significare altro che volere intensamente; ed il cristianesimo aveva operato una grande rivoluzione ancorando la volontà alla fede anziché alla ragione, come aveva fatto il pensiero classico. Solo allora, dopo il pentimento reale, può nascere la vergogna che troviamo nel primo sonetto: e questa va insieme con l'atto di licenziare l'insieme delle poesie che formano il *Canzoniere* e che sono il «frutto» di una vita spesa non tanto ad amare beni terreni quanto invece ad amarli male. La strategia è cambiata: dal pentimento si arriva alla vergogna e non dalla vergogna al pentimento. E questo perché la vergogna per un amore durato tutta una vita non può essere del tutto sincera se alla fine di questa vita l'amante ancora crede che nel suo amore terreno ci sia pur sempre qualcosa di positivo. L'amante ha sbagliato tutta la strategia, che è quella stessa che troviamo nel *Secretum*, ossia ha cercato una redenzione attraverso la rinuncia a ciò che gli causava piacere e vergogna insieme, mentre la vera rinuncia può nascere solo dalla convinzione assoluta di aver trovato un bene supremo e insostituibile, addirittura non compatibile con alcun altro. Dal nuovo punto di vista ora può, anzi deve sentire vergogna non per l'uomo che è ma per l'uomo che è stato. In questo punto e in questo modo egli supera l'*impasse* nella quale era venuto a trovarsi nel *Secretum*.

La ricerca dilemmatica del *Canzoniere* è la storia di un sentimento di volizione coartata perché i due oggetti dell'appetenza si equivalgono nel senso che entrambi offrono miraggi di felicità, uno con il raggiungimento dell'amore e l'altro con il raggiungimento della virtù. Una terza possibilità, cioè quella di amare un bene eterno, è certamente nota ma non viene messa in atto se non alla fine del *Canzoniere*, lasciando che in esso prevalga l'irrisolutezza fra due beni, irrisolutezza che è in ultima analisi la vera causa della particolare vergogna che è solo di Petrarca. E l'impossibilità di scegliere dura fino a quando la ragione non si invera nella fede. La quale, in realtà, non si apprende sugli *auctores*, ma nasce nell'intimo di chi la cerca, e viene per una «infusione» divina come premio o grazia per chi la cerca. La fede costituisce la base incrollabile della volontà e dà sostanza alla speranza. La «vergogna» spinge a quella ricerca, e grazie alla fede consentirà al dilemmatico amante di diventare veramente una persona diversa da quella che è stata. La fede sarà una grazia, ma è anche una conquista tanto più bella quanto più sofferta, e appartiene soltanto a chi la realizza. Così, «raccolti i frammenti dell'anima», come Agostino gli aveva consigliato, l'autore può veramente trovare la Verità che sta «in interiore hominis» e che lo associa, ancora vivo, all'eternità; ha trovato in sé quella forza di volontà che Agostino non gli aveva potuto insegnare. Quella Verità è sentita dalla coscienza come la sola fonte di vera felicità, e ciò rende irresistibile la volontà di seguirla senza altri compromessi. La coscienza infatti stabilisce in modo infallibile se il nostro operare ci rende felici o meno. Essa si trova *in interiore hominis*, nel suo più profondo animo, come del resto dice la lingua di quel verso che sembra un gioco di parole ma che allude all'intimo più intimo del cuore: «di me medesmo meco mi vergogno». Anche l'amore, si dice, trova rifugio nel profondo del cuore, ma l'amore non ha la facoltà di giudicarsi, e crede di essere esso stesso la felicità; e ciò crea notevoli confusioni e rende difficile l'auscultazione della coscienza.

Coscienza e amore mettono in moto volontà e speranze; ma una alimenta speranze vere mentre l'altro alimenta «speranze vane». Passiamo dunque a studiare la speranza, uno dei «segnali stradali» indicati nel primo sonetto. Il percorso sarà ugualmente lento come quello già compiuto; e lo sarà perché segue un personaggio accidioso, tanto più credibile quanto più incerto è il suo procedere negandosi per conquistarsi. Per il momento abbiamo conosciuto l'uomo che non sarà più lo stesso poiché non avrà più ragione di sentire vergogna.

II

DALLE «VANE SPERANZE» ALLA «SPERANZA VERACE»

Il sonetto 99 del *Canzoniere* petrarchesco non ha meritato analisi particolarmente impegnate forse perché ha tutta l'apparenza di essere un componimento stanco e senza elementi di rilievo. Trascriviamolo:

Poi che voi et io più volte abbiam provato
come 'l nostro sperar torna fallace,
dietro a quel sommo ben che mai non spiace
levate il core a più felice stato.

Questa vita terrena è quasi un prato,
che 'l serpente tra' fiori et l'erba giace;
et s'alcuna sua vista agli occhi piace,
è per lassar più l'animo invescato.

Voi dunque, se cercate aver la mente
anzi l'extremo dì queta già mai,
seguite i pochi, et non la volgar gente.

Ben si può dire a me: Frate, tu vai
mostrando altrui la via, dove sovente
fosti smarrito, et or se' più che mai.

È un sonetto indirizzato a persona la cui identità rimane a tutt'oggi sconosciuta; tuttavia le conseguenze di tale lacuna sono irrilevanti considerando che poco cambierebbe se venissimo a sapere che si tratta di una persona fittizia: l'importante è che gli si conservi il ruolo di amico con il quale il poeta dialoga con la massima sincerità di argomenti intimi. Il discorso che vi si sviluppa non ha particolari di grande rilievo e si articola nei seguenti punti: un'esortazione al destinatario a sperare nel Sommo Bene dal momento che le speranze poste su altri obiettivi sono fallaci; segue una considerazione generale sulle trappole o lusinghe del mondo; quindi una nuova esortazione alla stessa persona perché eviti ogni lusinga mondana se desidera «avere la mente quieta» prima d'arrivare all'ultimo giorno; e, infine, una considerazione negativa riguardante l'autorevolezza di tali esortazioni poiché la persona che le proferisce accusa le stesse debolezze che vede nel suo interlocutore. Sonetto semplice, dunque, e senza spunti che stimolino considerazioni memorabili o quanto meno interessanti. Né maggiori appigli in tal senso vengono offerti dalla sua *dispositio* o dal contesto immediato in quanto non sembra far parte di alcun microtesto o ciclo; né sembra utile cercare valori simbolici e significati arcani nel numero assegnatogli nel *Canzoniere*.

Eppure non bisogna essere tanto sbrigativi; anzi proprio quel dettato piano e quella trasparenza consigliano molta cautela e autorizzano il sospetto che siano strumenti di seduzione con un invito a tornare sul testo e a ripensarlo. I lettori di Petrarca sono abituati a questa sua magia: altri autori utilizzano richiami stilistici o altre strategie artistiche per legare gli interpreti al loro testo; Petrarca, invece, appiana loro la via per poi sorprenderli con la scoperta che dietro quella sua impareggiabile tersità si celano messaggi complessi e perfino tortuosi. Nel caso specifico del nostro sonetto è vero che l'invito a essere sbrigativi viene dalla tradizione interpretativa che su di esso è praticamente muta, e perfino l'eccezione cinquecentesca delle cinque lezioni di Leonardo Salviati[1] non sembra fargli giustizia, anzi lo soffoca sotto una congerie di dati di pertinenza discutibile. Comunque bisogna diffidare anche della tradizione critica che, per suo statuto, perpetua idee calcificandole e trasformandole in luoghi comuni che interferiscono e orientano ogni analisi. Non avrebbe dovuto apparire insignificante un componimento in cui l'autore interloquisce su problemi intimi e religiosi, ben sapendo che dialoghi del genere vertono solitamente su temi

[1] Leonardo Salviati, *Cinque lezzioni del cavalier Lionardo Salviati, cioè due della speranza, una della felicità, e l'altre due sopra varie materie: e tutte lette nell'Accademia fiorentina, con l'occasione del sonetto del Petrarca «Poi che voi, & io più volte habbiam provato»*, Firenze, Giunti, 1575. Le lezioni furono ristampate nel primo volume delle *Opere del cavaliere Lionardo Salviati*, Milano, Società Tipografica de' Classici Italiani, 1809. A dire il vero molto del materiale che queste lezioni contengono è irrilevante per la nostra analisi: l'unico spunto che ne abbiamo tratto riguarda la novità del «prato» come luogo dello smarrimento.

mondani e sociali: un amico, preso a confidente e a specchio del proprio comportamento, dovrebbe elevare, non solo l'occasione del sonetto, ma spingere il lettore a sospettarvi la rivelazione di qualcosa che nell'intimità viene detta in maniera allusiva e per questo sfuggente. Non può essere un sonetto fra i tanti quello che ha due protagonisti che stanno in posizione reciproca di *alter ego*, due personaggi che misurano ciascuno nell'altro il proprio successo e le rispettive cadute. L'autore parla al suo sodale esortandolo a sperare, ma l'ultima parola poi spetta a quel sodale il quale mette in dubbio l'autorevolezza del suo consigliere. Due personaggi, dunque, che esperimentano quanto sia difficile sperare, anche se paradossalmente la speranza sembra il sentimento più diffuso in quanto uno dei meno inibiti. Ma con questo tocchiamo il punto più grave e più problematico del sonetto: che cos'è la speranza? Crediamo davvero di saperlo?

Il «nostro sperar» del quale si parla è infatti carico di problemi. Significa lo sperare umano in generale o quello dei due amici in particolare? In che sperano gli uomini o in che sperano i due amici? In cosa si dovrebbe sperare? E se è il Sommo Bene, si può essere certi che esso ponga fine a tutte le altre speranze? E come? Riesce ad appagarle essendo l'unico bene assolutamente privo di possibilità negative? Un cristiano non ha difficoltà a rispondere quale sia il bene nel quale si deve riporre la speranza, ma sa anche e molto bene – o almeno Petrarca lo sa per certo – quanto sia difficile attingere quella vera speranza, poiché essa esige l'esclusiva assoluta e non contempla dubbi di sorta: essa è *la* Speranza, ossia la virtù teologale che per suo statuto non ammette difetto di alcun tipo. Le altre speranze sono facili e non contano; e i due sodali, come tutti gli altri uomini, sembrano pieni di speranze, che, però, non sono riposte nell'oggetto giusto. Il sonetto dice di questi livelli diversi, anzi di queste diverse qualità di speranze poiché alcune sono caduche, mentre una sola è quella indefettibile in quanto perfetti sono il suo contenuto e l'animo o la disposizione della persona che spera. E se questo tema non bastasse a rendere il sonetto 99 interessante, si pensi all'immagine del «prato» indicato come il luogo dello smarrimento, immagine che devia dalla compatta tradizione (il ricordo della «valletta dei principi» nel Purgatorio dantesco è forse l'unica eccezione, ma non si vede come possa esserci di aiuto in questo caso) secondo cui il luogo delegato per lo smarrimento è la foresta o la selva: è un'anomalia che dovrebbe contribuire anch'essa a dare al sonetto un contenuto degno di attenzione. In effetti si comincia a capire che la supposta limpidità della superficie si increspa appena chiediamo a ciò che sembra semplice quanto veramente lo sia.

Il sonetto tocca un tema di importanza capitale del *Canzoniere* visto che di «speranza» si parla nel primo sonetto e nella canzone finale, quasi a volerne incorniciare la storia prendendo una posizione cospicua proprio ai suoi confini estremi. Nel primo componimento l'autore dice:

> spero trovar pietà nonché perdono (son. 1,8),

e poco prima parla della sua vita passata fra

> le vane speranze e il van dolore (son. 1,6).

Nella canzone finale leggiamo:

> Vergine, in cui ho tutta mia speranza (366, 105).

Ci sarà dunque un tragitto, una storia che va da una speranza all'altra? Ed è possibile che nel percorso dall'una all'altra avvenga qualche mutamento nella natura della speranza? Non mancano i dati per cercare una risposta: Petrarca parla spessissimo di speranza e di speranze, e usa con molta frequenza il verbo «sperare». Tabulando i dati[2] ricavabili dalle

[2] Si riportano qui in nota per comodità del lettore curioso di verifiche. Le due fasce corrispondono alle due parti del *Canzoniere*:

1. 6; 10. 2; 13. 14; 16. 11; 19. 5; 21. 5 e 6; 23. 44 e 103 e 153; 28. 55 e 88; 32. 4 e 9; 33. 9; 34. 9; 37. 7 e 15 e 105 e 108; 53. 15 e 25 e 36; 55. 16; 56. 11; 57. 2; 60. 10; 70. 2 e 4 e 95; 71. 4 e 95; 72. 25 e 65 e 75; 73. 19 e 78; 80. 9; 84. 7; 85. 13; 88. 1; 91. 3; 96. 3; 99. 2; 104. 4; 105. 38 e 72; 117. 6; 119. 14 e 45 e 107; 124. 9 e 13; 126. 21; 128. 5 e 91; 134. 2; 138. 11; 140. 6; 147. 12; 150. 14; 152. 3 e 12; 153. 8; 168. 4 e 11; 171. 14; 172. 13; 178. 4 e 11; 179. 6; 181. 14; 182. 4; 184. 14; 189. 8; 191. 8; 195. 9; 206. 38; 207. 75; 208. 11; 210. 8; 211. 3; 237. 7; 250. 8 e 14; 251. 4 e 9; 252. 2; 254. 4; 258. 13.

264. 30 e 48 e 58; 265. 9; 267. 6 e 12; 268. 8 e 32 e 52 e 54; 269. 3; 270. 28 e 39; 277. 4; 290. 5; 294. 14; 295. 4; 295. 8; 315. 13; 319. 6; 320. 5; 320. 9; 324. 2; 324. 6; 325. 15; 331. 6; 329. 8; 331. 21 e 46; 332. 41 e 42 e 57; 334. 12; 360. 38 e 62 e 141; 363. 8; 364. 2; 365. 14; 366. 105.

concordanze vediamo che il sostantivo «speranza», o «speme» e «spene», e il verbo «sperare» occorrono in tutto 127 volte, di cui 87 nella parte «in vita» e 40 nella parte «in morte», con una distribuzione quasi esattamente proporzionale al numero dei componimenti delle due sezioni.

Non è il caso di leggere messaggi nelle cifre riportate; semmai sarebbe più fruttuoso notare l'addensamento del lemma in certe parti (per esempio nei componimenti 21-37, nelle «canzoni degli occhi» [70-72] e nei componimenti prossimi alla conclusione di ciascuna delle due parti) perché forse l'intensificarsi della frequenza potrebbe essere spia di microtesti o di cicli; inoltre sarebbe utile distinguere tra i vari oggetti della speranza per capire meglio la complessità di quel sentimento. È facile prevedere che rilevando tutte le attestazioni del termine ci si imbatta in molti casi estranei alla storia principale del *Canzoniere* (ad esempio in 28, 55: «quei che speran nelli dèi», o 34, 9: «l'amorosa speme», riferita ad Apollo, benché in rapporto all'io lirico); e questo perché «speranza» e «sperare» sono voci comunissime e di ampio arco semantico nel linguaggio quotidiano, ragione non ultima della disattenzione critica in cui è incorso un tema così ricco, benché, figurando in apertura e in chiusura dell'opera, avrebbe dovuto offrire un indice della sua importanza e suggerire la possibilità che ne costituisca una nervatura portante.

Ora, la natura della speranza è determinata primariamente dal suo oggetto, perciò dovremmo cominciare a capire in che cosa si spera. Nel caso di una raccolta di liriche amorose sembra ovvio che la speranza più intensa di un amante sia quella d'essere corrisposto; e lo è fino al punto da assumere un posto primario non solo nella psicologia di ogni amante ma nella tradizione lirica amorosa. Le testimonianze sono infinite, e senza andare lontano ricordiamo soltanto l'*incipit* di un sonetto di Pier delle Vigne:

> Amore, in cui desio ed ho speranza,

dove «avere desio» e «speranza» sembrano una dittologia, e in effetti lo sono nella misura in cui non si può dare speranza senza desiderio, benché non sia sempre vero il reciproco, dal momento che il desiderio non si coniuga sempre con la speranza.

Anche Petrarca, dunque, essendo un amante, desidera e spera di essere riamato, e la speranza sarà anche per lui un tema centrale. Ma Petrarca non è un amante come tutti gli altri perché nei testi ricordati non parla del desiderio di essere riamato, anzi, tutt'altro! Nel primo sonetto egli dice che «spera trovar perdono» fra tutti quelli che l'hanno visto inseguire «vane speranze»: il che equivale a dire che si pente di aver sperato. Cosa vuole, dunque, questo strano amante? Amare senza speranza di realizzare il proprio desiderio di essere riamato? Egli non cade nella disperazione vedendo che il suo desiderio non si realizza – l'alternanza era tipica degli amori cortesi, sempre oscillanti ciclotimicamente tra l'euforia della speranza e lo sconforto della disperazione – ma considera che il vero fallimento delle sue speranze passate sia di natura morale perché il loro oggetto s'è rivelato effimero e ingannevole, ed esse hanno impedito all'amante di sperare nel solo oggetto che non inganna. Insomma, il suo non è stato uno sperare inutile alla maniera della «esperansa bretona» trobadorica[3], bensì un desiderare «peccaminoso» che lo ha distolto dal puntare in alto il suo desiderio di Bene. Il verso ricavato dall'ultima canzone indica la realizzazione di tale desiderio, e ancora una volta, dunque, non è quello tipico del poeta amante, ma non è più nemmeno quello espresso nel primo sonetto. Se ne deduce che tra le due forme di speranza corra una storia che porta dall'una all'altra, ed è probabile che il protagonista di quella storia si avvicini alquanto al tipico amante della tradizione lirica. Ma già il fatto di portare in ballo la storia (intesa nel modo narratologico più elementare di sequenza di eventi che comportano l'evoluzione del personaggio) allontana ulteriormente Petrarca dai poeti lirici che l'hanno preceduto, perché la storia di questi

[3] La «speranza dei Bretoni» che attendevano il ritorno del re Arturo era l'immagine alla quale i trovatori ricorrevano per indicare l'irrealizzabilità della loro speranza amorosa. Su questo tipo di «inanis spes» rimando al mio *Gli «adynata» dei trovatori*, in «Modern Philology», 68 (1971), pp. 223-241, poi ristampato in *Andrea, i trovatori e altri temi romanzi*, Roma, Bulzoni, 1978, pp. 19-51. Il tema della speranza inutile nella poesia popolare italiana dei primi secoli è trattato da d'Arco Silvio Avalle, *Le maschere di Guglielmino. Struttura e motivi etnici nella cultura medievale*, Milano-Napoli, Ricciardi, 1989, pp. 8-10.

ultimi è sempre uguale a se stessa, vale a dire senza tempo, e le eventuali sequenze sono soltanto segno di una irrequieta immobilità. La speranza presente nel *Canzoniere* sarà dunque una speranza con una storia, e per capirla se ne dovranno ricostruire le tappe e i passaggi. È una strada impervia con ascese e cadute, che rivela il tormento di un amante il quale vorrebbe essere riamato ma che vorrebbe soprattutto non amare o non aver amato. Di lui potremmo dire «dimmi cosa speri e ti dirò chi sei, o meglio cosa vorresti essere», perché la speranza, comunque la si intenda (virtù o emozione), proietta nel futuro la nostra intimità, il modo in cui vorremmo realizzarci appieno, ciò che vorremmo essere e ciò che vorremmo avere. A percorrere questa strada ci sospinge il primo sonetto, che, però, sembra negare, almeno in parte, l'idea che la speranza abbia soltanto una proiezione nel futuro. In realtà il sonetto ha un contenuto bifronte e fa vedere che la speranza ha anche un suo passato: il poeta spera, sì, di avere la comprensione e il perdono dei suoi lettori – e questa è la dimensione orientata verso il futuro –, ma vede anche retrospettivamente quella speranza che lo ha animato nel passato, e così torna «indietro al futuro». Per questo egli può scrivere una storia del passato sperare, ora che si è ricreduto e può giudicare «vane» le speranze di una volta, ora che ha la certezza di una speranza giusta. Per tutto questo gli è possibile riandare su quella storia, scriverla almeno nelle sue linee generali, e sentirne profonda vergogna. Serva a riscattarlo il valore esemplare che potrà avere il suo pentimento, valore che i «saggi» consigli al sodale non riescono ad avere.

La prima evidenza che la speranza dell'amante non sia quella «alta» si rileva dal componimento che pone fianco a fianco la speranza vera e la speranza falsa. Ciò avviene prestissimo nel *Canzoniere*, precisamente nelle terzine del son. 16, «Movesi il vecchierel canuto e bianco»:

> et viene a Roma seguendo 'l desio,
> per mirar la sembianza di Colui
> ch'ancor lassù nel ciel vedere spera:
>
> così, lasso, talor vo cerchand'io,
> donna, quanto è possibile, in altrui
> la desiata vostra forma vera.

L'adiacenza crea una similitudine che potrebbe essere «profana» o addirittura «blasfema», e in effetti la si potrebbe leggere non come riduzione di un amore sacro a un livello profano, bensì come elevazione di un amore mondano a un livello sacro. Per il momento il problema è trascurabile; comunque è importante vedere che l'ambiguità nasce dalla compresenza di due speranze che l'autore dà come equivalenti ma che in realtà sono ben diverse perché diversi sono i beni desiderati: eterno quello del vecchierello, e mondano quello del poeta; vero e in effigie vera il Bene desiderato dal pellegrino, mentre puramente probabile e in effigie non fedele quello dell'amante di Laura. In un punto, però, la similitudine regge bene, e il poeta, che evita di parlare delle differenze indicate, evidenzia l'intensità del desiderio che anima sia il vecchierello che l'amante; anzi, sotto questo rispetto la similitudine è tanto cogente che senza l'ardore del pellegrino avremmo difficoltà a credere a quello dell'amante. Ma possono esistere due «sommi beni»? A fil di logica ciò non è possibile; ma può esserlo se la nozione di sommità viene intesa in modo relativo agli occhi del fruitore di quel bene o di colui che lo desidera e spera di averlo. In altre parole, esiste il sommo bene per il vecchierello e il sommo bene per l'amante; ma quest'ultimo non può oggettivamente essere il «Sommo Bene» perché lo limita la sfera personale in cui viene ad esistere. Qui sta l'equivoco che porta l'amante su una strada di traviamento, perseguendo il bene più basso la cui supposta «sommità» impedisce la visione di un bene più alto. Tale confusione è dichiarata esplicitamente nel sonetto 13, dove si dice che se la donna non è proprio il Sommo Bene essa serve almeno a mediarlo mettendo l'amante sulla via che porta ad esso:

Da lei ti vèn l'amoroso pensero,
che mentre 'l segui al sommo ben t'invia,
pocho prezando quel ch'ogni huom desia;

da lei vien l'animosa leggiadria
ch'al ciel ti scorge per destro sentero,
sì ch'i' vo già de la speranza altero.

L'idea che l'amore guidi al cielo ritorna in seguito varie volte, ma è da notare che il «sommo bene» al quale si allude in questo passo e in altri simili non è Dio o la beatitudine eterna, bensì il compimento del piacere amoroso. Ci vorrà molta strada prima che le due speranze si riducano a una sola e a quella che unicamente conta. Ci vorrà tutto il *Canzoniere*! Nel quale non manca, è vero, la consapevolezza che vi sia una speranza superiore all'altra: e come potrebbe mancare? Nessuna storia morale può esistere senza la presenza di una qualche *scintilla conscientiae* perché altrimenti l'anima si muoverebbe nel buio assoluto e nessuna coscienza arriverebbe mai a formarsi. Tuttavia l'amante non persegue la speranza più alta perché conoscerla non significa ancora volerla, e per il momento quella voce minima prepara da lontano il grande dramma dello sperare vano *vs* lo sperare verace.

Per il momento, anzi per un lungo tempo, il dramma sembra prendere altra direzione perché nemica della speranza non è la consapevolezza del suo essere «vana» ma del fatto che essa contenga un potenziale distruttivo: è chiaro, infatti, che l'amante circoscrive il regno delle sue speranze entro una sfera fisica o sensuale ed è del tutto oblioso di ogni sfera metafisica. Ciò coinvolge il mondo dei sensi e per questo la sua speranza è più tenace perché l'oggetto sperato sembra vicino, reale e forse accessibile. Egli spera di abbracciare un oggetto che brucia, consuma e uccide, simile in ciò agli insetti che vengono attirati dalla fiamma «col desio folle che spera» (son. 19). Il paragone è trito, ma l'amante vuol significare l'assolutezza e l'esclusività della propria dedizione, tanto che se un'altra donna spera di conquistare il suo cuore «vive in speranza debile e fallace» (son. 21, vv. 4-5). Il suo cuore non concepisce altro oggetto di desiderio, altra attesa di un bene diverso; e se anche allarga l'orizzonte dei suoi desideri, includendovi l'alloro o la gloria letteraria, tutto viene a incarnarsi nell'immagine della sua donna, come si legge nella prima canzone della raccolta (23) che ricostruisce «il dolce tempo della prima etade»:

> e i capei vidi far di quella fronde
> di che sperato avea già lor corona (vv. 41-44).

Si penserebbe che l'espansione del regno dei desideri attenui l'intensità della speranza disperdendola su oggetti diversi; invece la rafforza perché il processo è cumulativo e non dispersivo, per cui la speranza cresce fino al punto che l'amante stesso ne rileva l'eccesso («il mio sperar tropp'alto montava», v. 53). In effetti l'allargamento d'orizzonte avviene in senso tutto orizzontale, cioè sempre entro la sfera dei valori terreni, e non in senso verticale, ossia con un punto di vista dall'alto del mondo che scopra la «vanità» di quei valori.

Ora nel lungo suo viaggio nel futuro, spinto dal desiderio e guidato dalla speranza, all'amante capita di considerare l'arrivo del «giorno extremo», giorno senza più futuro e quindi senza più speranze, giorno in cui tutte le speranze del passato si rivelano inesaudibili o in cui i beni raggiunti e sperati vengono a esaurirsi, perché in quel giorno «cadrà quella speranza / che ne fe' vaneggiar sì lungamente» (son. 32, 9-10). La considerazione dovrebbe aprire gli occhi sulla differenza che intercorre fra tali speranze e quella cristiana, la quale vede proprio nella fine della vita l'esaudimento o coronamento della speranza verace. Ma non accade così perché la sensualità del desiderio si purifica (magari passando dalla fase «petrosa» a quella «stilnovistica») accentuando l'impressione che il bene sperato sia veramente «sommo». La speranza sembra puntare in senso verticale ma in realtà, fermandosi nel luogo «ov'alberga Honestate et Cortesia», non esce dalla sfera fisica, o per meglio dire dall'orizzonte dell'amore cortese:

> et non so s'io mi speri
> vederla anzi ch'io mora:
> però ch'ad ora ad ora
> s'erge la speme, et poi non sa star ferma,
> ma ricadendo afferma
> di mai non veder lei che 'l ciel honora
> ov'alberga Honestate et Cortesia,
> et dov'io prego che 'l mio albergo sia (37, 105-112).

Eppure tanta elevazione di sentimenti non riesce a soffocare completamente le prime avvisaglie di crisi. In effetti è importante notare che non è la «speranza vera» a corrodere la saldezza della «speranza vana», quanto piuttosto la consapevolezza della «illusorietà» delle sue promesse: in altre parole, non è ancora presente la consapevolezza del peccato che si associa al «vano sperare» e c'è invece la consapevolezza della inutilità di ogni speranza amorosa. Però è una consapevolezza che acuisce il paradosso di chi ama senza essere riamato, in quanto il rifiuto trasforma la speranza in ostinazione. Ma è importante che esista un seme di dubbio perché è un segno di timore che lascia prevedere la possibilità di una caduta nella disperazione, e che comunque turba la ricerca di felicità implicita nello sperare. E poiché è una storia d'amore calata nel tempo, lasciamo a esso il ruolo di risolvere le crisi: da una parte l'idea della morte che si avvicina sempre di più, dall'altra l'oggetto del desiderio che si allontana sempre di più, indeboliscono la speranza «vana» e aprono la via alla «vera speranza».

E in effetti, in quella lunga storia sono indispensabili i ripensamenti perché sono i segni di una coscienza la quale, vigile sempre sulla felicità dell'anima, fa intuire delusioni e spinge a trovare rimedi. Così, dopo aver ripetutamente rilevato la natura contradditoria della speranza in amore («che per far più dogliosa la mia vita / Amor m'addusse in sì gioiosa spene» [56, 10-11]) e la «incertezza della speranza stessa» (57, 2), arriviamo al sonetto 60, contenente una specie di meditazione sulla stessa e sui frutti che se ne raccolgono. Le somme non sono incoraggianti poiché l'amore per Laura e per la fama hanno prodotto delusione e amarezza; e, fatto ancora più doloroso, le «rime nuove» o giovanili legate a quell'amore potrebbero aver abbagliato lettori e imitatori che da quelle avranno imparato prima a sperare e poi a disamare, vedendo come l'amata ha deluso le illusioni del poeta. Sarà necessaria un'azione di riorientamento e una rinuncia a sperare? Per il momento il tema in questione conosce una sosta.

Rispunta nella canzone 70 che si apre con una nota di disperazione:

> Lasso me, ch'i' non so in qual parte pieghi
> la speme, ch'è tradita omai più volte,

e di conseguenza il poeta rinuncia ormai a rivolgersi al cielo con «sì spessi preghi» (v. 4). La canzone è cruciale nella storia del *Canzoniere* perché rappresenta una meditazione sul passato e sui modelli letterari che il poeta ha seguito. Egli riconosce la propria colpa: Dio ha creato le cose tutte belle e tutte buone, ma il poeta ha fermato il suo sguardo sulla bellezza di Laura anziché sul bene eterno, ed è stato così dal giorno che i suoi occhi si posarono sulla sua «angelica beltade».

Il trittico delle «canzoni degli occhi» contrassegna una ripresa del viaggio sulla via della speranza. I temi non sono nuovi: la fama presso i lettori dei versi del poeta (71), la reciprocità d'amore (72) e infine la speranza come fonte di poesia, anche se adesso «il desir ⟨è⟩ fuor di speranza» (73, 78), ossia un desiderio cieco, senza futuro e senza alcuna possibilità di esaudimento. Eppure se i temi non sono nuovi, li contrassegna un mutamento di «registro»; e trattandosi di «emozione» o di passione ogni leggero mutamento in intensità può costituire una profonda novità. In effetti esiste un cambio nel modo di vedere Laura, attribuendole la funzione, prima trascurata, di aver dischiuso all'amante le bellezze del paradiso, di avergli «alzato il cuore a tante bellezze», stando a quanto ci viene detto nella canzone 72, quella centrale nel trittico:

> Io penso: se là suso,
> onde 'l motor eterno de le stelle
> degnò mostrar del suo lavoro in terra,
> son l'altr'opre sì belle,
> aprasi la pregione, ov'io son chiuso,
> et che 'l camino a tal vita mi serra.
> Poi mi rivolgo a la mia usata guerra,
> ringratiando Natura e 'l dì ch'io nacqui,
> che riservato m'ànno a tanto bene,
> et lei ch'a tanta spene
> alzò il mio cor: ché insin allor io giacqui
> a me noioso e grave,
> da quel dì inanzi a me medesmo piacqui,
> empiendo d'un pensier alto e soave
> quel core ond'ànno i begli occhi la chiave (16-30)
> [...]
> Perch'io veggio, et mi spiace,
> che natural mia dote a me non vale
> né mi fa degno d'un sì caro sguardo,
> sforzomi d'esser tale
> qual a l'alta speranza si conface,
> et al foco gentil ond'io tutto ardo
> [...]
> certo il fin de' miei pianti,
> che non altronde il cor doglioso chiama,
> vèn da' begli occhi alfin dolce tremanti,
> ultima speme de' cortesi amanti (61-66 e 72-75).

Gli occhi di Laura hanno cambiato la vita dell'amante prospettandogli un'immagine di quella luce che brilla nel paradiso; ed essa genera la speranza di sperare, di vivere in uno stato di desiderio spirituale, di perpetua illuminazione, di visione senza mutamento. Grazie a quegli occhi, l'amore, che è stato causa di sofferenza, diventa segno di distinzione e di orgoglio: sarà sempre una guerra, ma è una guerra che nobilita perché la posta è unica. La corrispondenza che l'amante cerca si limita allo sguardo: potrebbe sembrare una limitazione, ma sono proprio gli occhi, la luce dell'anima, a costituire il dono più grande che Laura possa dargli; e questo perché l'amore carnale si sta trasformando in amore spirituale. Effettivamente la parte «petrosa» del *Canzoniere* sembra chiudersi per cedere alla parte «stilnovistica». La speranza si alleggerisce perché il desiderio si raffina, diventando speranza di continuare a sperare, quasi una costante aspirazione al bene. La guerra è più facile, o meno drammatica, e la conquista è più probabile in quanto l'oggetto più immediato sta nel cuore dell'amante. Ma quale insidia si nasconde nell'identificazione di questo bene da amare! In effetti non vien detto che il nuovo modo di sperare miri a una contemplazione quieta dal momento che timori e dubbi continueranno a turbarla.

Quel che segue è un variare su questi temi. Ad esempio la stanchezza del vano sperare (91, 3); la speranza che la fama tenga in vita il poeta dopo la morte; la speranza che Laura possa chiudergli gli occhi al momento della morte, e l'idea rende più accettabile l'idea di morire («la morte fia men cruda / se questa spene porto / a quel dubbioso passo», 126, 20-22); la speranza vista in coppia dialettica con il timore («e temo, et spero», 134, 2), oppure in relazione alla ragione che la frena («e vòl [Laura] che 'l gran desio, l'accesa spene, / ragion, vergogna et reverenza affrene», 140, 6-7); speranza che vive in alternativa con pena («or mi tene in speranza et ora in pena» 178, 4); come sinonimo o compagna di piacere e di desiderio («Così cadde a la rete, et qui m'àn colto / gli atti vaghi et l'angeliche parole, / e 'l piacer e 'l desire et la speranza», 181, 12-14); la consapevolezza d'aver vissuto in «speranze vane» («vane speranze, ond'io viver solia», 184, 14); la speranza che incoraggia a «sperare» («Voglia mi sprona, Amor mi guida e scorge, / Piacer mi tira, Usanza mi trasporta, / Speranza mi lusinga e riconforta / et la man destra al cor già stanco porge»,

211, 1-4); la speranza di riposare che è come dire di non più sperare («Di dì in dì spero omai l'ultima sera», 237, 7). Si nota che verso la fine (a partire dal punto di quest'ultimo prelievo), l'idea di speranza, che per un bel nucleo di poemi è scomparsa, riappare in associazione alla morte. Ci stiamo avvicinando alla conclusione della prima parte. L'immagine di Laura appare in sogno e sembra esortarlo a «non sperare» («non sperar di vedermi in terra mai», 250, 14). Ma la speranza è ragione di vita per l'amante, per cui spera ancora di sperare («A me pur giova di sperare anchora / la dolce vista del bel viso adorno», 251, 9-10); ma il timore è più vicino che mai alla speranza («or piango e canto, / et temo et spero», 252, 1-2; «sì 'l cor tema e speranza mi puntella», 254, 4; o ancora «tremando or di paura or di speranza», 258, 13). Gli ultimi prelievi lasciano vedere che nella speranza s'insinua, e sempre con maggior insistenza, il timore; e questo può voler dire che lo sperare in amore può essere causa di infelicità.

Tutto, però, sembra procedere in modo troppo piano dal momento che le «variazioni sul tema» finiscono col dire sempre le stesse cose. Dove si nasconde la *scintilla conscientiae* che problematizzi quel continuo e ostinato sperare? Un buon principio critico è non cercare problemi e meno che mai inventarseli; è meglio trovarli, quando è possibile, magari leggendo continuamente e invocando la fortuna perché ci mandi un guizzo di quella sana immaginazione critica, senza la quale i discorsi rimangono stentati e pedanti. Ora, venendo a trarre qualche conclusione dalla rassegna fino ad ora compiuta – conclusione non arbitraria ma in un certo senso imposta dalla chiusura della prima parte del *Canzoniere* –, ci accorgiamo di essere a corto di argomenti perché la storia che ne risulta è abbastanza lineare, povera di appigli sicuri e di spunti critici forti. L'unica curva importante riguarda la svolta da una fase petrosa a una stilnovistica, che, comunque, non muta sostanzialmente l'oggetto o la natura della speranza. In compenso abbiamo visto sorgere qualche dubbio causato dall'idea della morte, e qualche ripensamento dovuto al diniego di Laura; e questo renderebbe la storia abbastanza mossa, naturalmente al livello interiore; ma si tratta di tremori e non di vere scosse; qualche barbaglio di alcune *scintillae conscientiae* che non portano ad alcun risveglio effettivo; e l'innamorato sembra lasciarsi portare da un sentimento sul quale non ha controllo e sul quale non vuole esercitarne alcuno. Dov'è il Petrarca atleta del dubbio, il professionista della vergogna, l'uomo irrequieto? E come può aver séguito una storia che procede in questo modo tanto piano da suggerire con la sua monotonia la tenacia dello sperare?

Per fortuna abbiamo una prova che quelle rare scintille crescono in una fiamma almeno in un caso, e ciò accade nel sonetto 99 col quale abbiamo cominciato a discorrere della speranza, e che poi abbiamo escluso di proposito dalla precedente rassegna, ma al quale ora è utile tornare.

Il sonetto 99 rientra con difficoltà nel contesto della storia fino ad ora ricostruita, anzi sembra sostanzialmente estraneo al tema principale dell'opera in quanto non vi si parla di amore ma solo di speranza, o al massimo il rapporto amore/speranza si riduce ad una generica nozione di speranza che coinvolge l'insieme dei beni mondani o materiali, inclusa la gloria letteraria e quindi l'alloro/Laura. Per altro rimarrebbe senza riscontri nel *Canzoniere* la situazione in cui il poeta parla del suo amore come se fosse un'esperienza da affiancare a quella di amici: se mai con alcuni amici speciali potrebbe discorrere sulla gloria mondana o anche sui beni materiali, e in effetti sembra che di questi intenda parlare il sonetto, beni tradizionalmente contrapposti in blocco al Sommo Bene. Se in qualche cosa il nostro sonetto si distingue dagli altri è che il *compagnonnage* al quale allude sia di natura spirituale. Unisce i due sodali l'esperienza di vedere le proprie speranze deluse, e da tale constatazione nasce l'esortazione – proposta da uno di loro ma valida per entrambi – a riporre le speranze nel Bene più alto perché sicuramente non deluderà. Ecco allora che il sonetto, pur non trattando di speranze amorose (però non si può escludere che alluda anche a queste), ci aiuta a capire la natura del «vero sperare» e la difficoltà di attingerlo. In effetti a entrambi gli amici è chiaro cosa sia il Sommo Bene che dirime le vere dalle vane speranze; il problema però è capire come mai si possa rimandare di sperare in quel Bene che sicuramente porta serenità mentale, e perché mai sia necessaria un'esortazione per riportare alla mente un'opportunità di questo genere, la quale, per giunta, è ovvia e predicata ogni giorno. Il problema, insomma, si pone in questi semplicissimi termini: come si spera? come si impara e come si arriva a sperare bene? Purtroppo la risposta non è altrettanto semplice, ed è chiaro che senza rispondere a essa la nostra storia e quella del *Canzoniere* rimane un po' banale e perfino incomprensibile.

Il sonetto ha un attacco dimostrativo («dal momento che») e sottolinea il legame tra due persone («voi ed io»); si considera la causa del legame (la comune esperienza di speranze fallaci), e quindi la persona che dice «io» esorta il «voi» a sollevare lo sguardo al Sommo Bene che non delude mai. L'implicazione è che la prima persona abbia già messo in pratica il consiglio che dà all'amico. Il sonetto procede sviluppando le premesse del ragionamento e i temi presenti nella prima quartina.

Perché è difficile imparare a sperare benché si conosca l'oggetto che ne garantisce la veracità? Sarà vero il principio che «video meliora proboque, deteriora sequor», e che la ragione e il cuore vogliano in modo non sempre concorde? Sarà vero; ma l'ostacolo maggiore allo sperare bene è, quasi paradossalmente, la facilità con cui si spera. Ecco, dunque, l'immagine del prato dove pare che gli amici, come tutti gli uomini, si siano smarriti. La constatazione è a prima vista sorprendente perché una lunga tradizione associa lo smarrimento al bosco, alla foresta, alla selva, dove cavalieri e peccatori in genere perdono la diritta via. Però nel prato e non nel bosco late il serpente, emblema archetipico delle tentazioni mondane fin da quando apparve tra le erbe del Paradiso terrestre; e per questo nel prato, nella piana dolcezza dei beni terreni, ci si smarrisce senza averne la consapevolezza e quindi senza erigere alcuna difesa. Lo smarrimento non è la letterale «perdita della strada», bensì la frequenza dello sperare, la facilità con cui si tende verso il possesso di beni mondani, facilità che fa perdere il senso della vita riproponendola continuamente davanti a nuovi obiettivi: una tensione continua, dunque, che la conquista facile non acquieta; una dispersione irrefrenabile. La foresta, possiamo aggiungere, è il luogo tradizionale dell'*aventure*, il luogo dove si va incontro «a quello che viene», e l'attesa stimola la difesa di chi vi capita; nel prato, invece, tutto sembra ovvio, chiaro, facilmente accessibile e senza pericolo: anche per questo la foresta favorisce la conoscenza delle proprie risorse morali (il coraggio e la giustizia nella lotta contro eventuali ingiustizie), mentre la pianura e la dolcezza del prato assopiscono i sensi lusingandoli; e poiché il prato non presenta alcuna sfida, esso può creare l'illusione di contenere il bene più alto. Inoltre la facile speranza di avere tutto ciò che piace previene il sospetto che il tutto sia un'illusione fallace.

Assodata questa verità generale, che vale per tutti e che acquista molta pertinenza per i due sodali, il discorso che segue li vede divisi, come se dovessero seguire strade diverse. La persona indicata col pronome onorifico «voi» dovrebbe cercare di seguire l'esempio di poche persone e allontanarsi dalla gente volgare se intende avere serenità mentale prima di chiudere i suoi giorni. Si deduce che lo sperare fallace al quale si allude nella prima quartina l'abbia privato di serenità; e si deduce anche che il prato è frequentato da persone volgari la cui familiarità è meglio evitare. Una deduzione inevitabile è che la persona che dice «io» appartenga al gruppo dei «pochi» e che il sodalizio annunciato all'inizio del sonetto debba sussistere e che la coppia sia da ricomporre. Ma ecco che nell'ultima terzina riappare il sodale che ha appena formulato il consiglio riportato; e a presentare questa comparsa non è la stessa voce che ha formulato il consiglio, bensì la voce di terzi a giudizio dei quali la persona «io» non gode di alcuna autorevolezza morale per avallare il consiglio, per cui la sua esemplarità è inattendibile. L'intervento in terza persona serve a fugare l'impressione che qui operi il *topos* della modestia, e ci assicura invece che la persona che offre il consiglio sia veramente smarrita: essa conosce bene quale sia la strada da seguire, ma non è in grado di percorrerla.

Cosa vuol dire tutto questo, e cosa dovremmo dedurre da un'argomentazione così scorciata e in parte contraddittoria? Pare che rimangano fermi i seguenti punti: *a*) bisogna sperare nel Sommo Bene; *b*) bisogna vivere appartati e quasi in solitudine per riuscire a sperare in quel Bene; *c*) la persona che dice «io» deve seguire il suo proprio consiglio. Non riesce chiaro se a costui serva l'esempio oppure la compagnia di altri per mettersi sulla via che lo porti fuori dallo smarrimento, alla conquista della serenità; sembra invece di capire che la compagnia non serva a molto, anzi che la conquista della giusta speranza sia e debba essere un'impresa affatto personale e solitaria. Cerchiamo una conferma fuori del *Canzoniere* – dove, per altro, il senso della solitudine personalizza all'estremo ogni azione –, in un documento libero dalle ambagi poetiche, e leggiamo i primi paragrafi del *De vita solitaria*:

1. Credo ego generosum animum preter Deum, ubi finis est noster, preter se ipsum et archanas curas suas aut preter aliquem multa similitudine sibi coniunctum animum nusquam acquiescere. Etsi enim voluptas tenacissimo visco illita et blandis ac dulcibus plena sit laqueis, fortes tamen circa terram alas detinere diutius non potest. Atqui sive Deum, sive nos ipsos et honesta studia, quibus utrunque consequimur, sive conformem nobis querimus animum, a turbis hominum urbiumque turbinibus quam longissime recedendum est.

2. Id sic esse, ut dico, illi ipsi etiam forte non negent, qui concursu populi mulcentur ac murmure, si modo ita obruti depressique falsis opinionibus non sunt, quin interdum ad seipsos redeant seque ad excelsam veri semitam vel reptando convertant. Quod utinam non tam multis accideret et ut, agri multarumque rerum vilium, sic saltem excolendi animi mortalibus cura foret. Ut enim pinguis ager sentibus, sic humanus animus abundat erroribus, qui nisi diligenter evulsi erunt, nisi uterque iugi studio ac labore purgabitur, utriusque similiter in ipso flore fructus extinguitur.

3. Sed non canimus surdis; de his ergo alii ut libet, quanquam facile consensuros vero eruditorum animos atque ora confidam. Quod si omnes negent, tu michi saltem non negabis (nempe qui negantem primus argueres); sic eveniet ut et tu in verbis meis tuam sententiam agnoscas et ego supremam metam cuiuslibet eloquentis attigisse videar, auditoris animum movisse quo volui, idque nullo negotio. Tunc enim suadenti magnus est labor, quando in suam sententiam trahere nititur animum reluctantem; contra, quid difficile habet oratio in illius aures ventura, qui, quod audit secum conferens, non exempli imaginem, non autoritatis pondus, non rationis aculeum, ut credat, nichil denique nisi sui ipsius testimonium querit, et tacitus dicit: «ita est»?[4]

[4] *De vita solitaria*, I, 1-3, ed. a cura di Christophe Carraud, Grenoble, Millon, 1999, pp. 38-40: «Io credo che un animo nobile, all'infuori di Dio in cui poniamo il nostro fine ultimo, all'infuori di se stesso e dei suoi segreti pensieri, all'infuori di qualche altra anima unita a lui da grande affinità, non possa trovar requie in luogo alcuno: ché il piacere, per quanto spalmato di visco tenacissimo, per quanto pieno di lacci carezzevoli e dolci, non può tener per troppo tempo legate alla terra le ali vigorose. Ma sia che andiamo in cerca di Dio, sia di noi stessi e degli studi morali che ci aiutano a raggiungere l'una cosa e l'altra, sia di un animo affine al nostro, dobbiamo tenerci il più possibile lontani dalla turba degli uomini e dal turbine delle città. 2. Che le cose stiano così come dico, non lo negherebbero forse neppure quelli che si dilettano dell'affluenza e dello strepito della gente: a meno che non siano

Il passo conferma che la vita solitaria e appartata dalle faccende e dai piaceri del mondo favorisce la ricerca della quiete dell'animo e del Sommo Bene. Conferma inoltre che l'insegnamento di questa via per raggiungere la pace spirituale non offre automaticamente garanzie che ciò avvenga. Questa viene attinta solo quando la persona che si intende persuadere sentirà nel proprio cuore che «ita est». Lo stesso si può dire per la speranza: nessuno ci può insegnare a sperare, e si spera solo nel Sommo Bene quando si è arrivati al punto di dire «ita est». In parole più semplici: la persuasione vera fa tutt'uno con l'illuminazione della mente che accetta la verità per la forza della sua evidenza, quando l'assenso coincide con la perfetta convinzione. Ma a questo punto la speranza coincide con la fede, e con essa l'assenso al Sommo Bene avviene con tutta l'anima e con tutto il corpo e con tutta la mente, cioè con l'amore incondizionato del Bene. Questo può essere conosciuto «razionalmente», cioè al livello della ragione, ma perché diventi una forma di esistenza e acquisti autentica vitalità deve essere sentito come il coronamento di una ricerca, come il premio di un lungo e travagliato viaggio alla fine del quale il possesso ottenuto ha la forza dell'evidenza. Data questa situazione il ruolo

talmente oppressi e soffocati dalle false opinioni, da non potere ritornare su se stessi di tanto in tanto, e volgersi sia pur carponi, verso l'eccelso sentiero della verità. E magari questo non avvenisse a tante persone! magari gli uomini si preoccupassero di educare il proprio spirito almeno quanto si danno pensiero dei campi e di molte cose di scarso valore! Come un terreno fertile di rovi, così l'animo umano è pieno di errori: se questi non verrano estirpati con molta cura, se non ne saranno liberati l'uno e l'altro con attenzione e con lavoro continuo, il frutto di entrambi andrà perso mentre è ancora in fiore. 3. Ma non parlo a sordi. Su questo argomento, dunque, gli altri la pensino come vogliono: io ho fiducia che le persone dotte si troveranno facilmente d'accordo con me, nel pensiero e nelle parole. E se tutti dissentissero, tu almeno sarai d'accordo, tu che saresti certo il primo a biasimare chi lo facesse: così avverrà che tu vedrai rispecchiato nelle mie parole il tuo pensiero e io avrò la sensazione di aver toccato la meta più alta di chiunque parla, cioè d'aver condotto l'animo dell'ascoltatore dove volevo, e per giunta averlo fatto senza alcuna difficoltà. Infatti è dura la fatica di chi vuol persuadere, quando si sforza di convincere un animo riluttante: ma quali difficoltà presenta un discorso destinato ad uno che, considerando fra sé e sé quanto ha udito, vi cerca, per credervi, non l'evidenza dell'esempio, non il peso dell'autorità, non l'acume del ragionamento, ma la sua stessa testimonianza, e tra sé dice: "è così"»?

del magistero esemplare si presenta con molti limiti: è possibile persuadere chi ci ascolta solo quando questi arriva a convincersi per suo conto. La convinzione che viene da fuori non è mai reale o duratura se manca la partecipazione o l'adesione del nostro più intimo essere: la verità inculcata deve essere sentita come una vera conquista, e allora, fatta veramente propria, non ci lascia mai. Sapere cosa sono la fede e la speranza non significa ancora conoscerle: valga per tutti l'esempio di Petrarca il quale arriva a dire «ita est», a sperare nel solo e verace modo solo alla fine del *Canzoniere*, solo quando arriva a fare veramente sua la lezione che vuole impartire al suo sodale.

Abbiamo indicato con anticipo le conclusioni cui porterà la storia del *Canzoniere*. E lo abbiamo fatto non per scorciare i tempi, quanto invece per seguire a ogni tappa il senso di questa storia e di una delle sue dinamiche maggiori, la speranza, appunto. Fino a ora abbiamo appreso che esistono due tipi di speranza, una fallace e l'altra vera. Normalmente esse non coesistono se non nel senso che chi vive la prima conosce «razionalmente» la seconda, e chi conosce la seconda di solito ha conosciuto la prima. Dalla prima si può pervenire alla seconda, mentre il senso inverso è impensabile. Il problema è capire come si passi dalla prima alla seconda; e il problema ci interessa perché riguarda Petrarca e la storia del *Canzoniere*. Bisogna allora cercare di capire cosa sia la speranza in generale prima di vedere come si differenzino in fallace e in verace.

La speranza come sentimento generico di «exspectatio boni» (la definizione è di Cicerone, *Tusculanae*, IV, 37) è, insieme al suo opposto, «exspectatio mali» (che è il timore), uno dei modi della vitalità, della tensione che imprime la dinamica della vita: il vulgato «fin che c'è vita c'è speranza» cifra, e non male, questa nozione: ovunque si dia la nozione di un futuro, quindi della continuità della vita, esiste la speranza, l'attesa di un bene o il timore di un male. In tutte le sue varianti la speranza presenta delle costanti: l'attesa, la pazienza e la confidenza o fiducia, anche se l'intensità di ciascuna componente può variare di grado e pertanto anche il rapporto in cui si pongono tra di loro può mutare di volta in volta. Gli antichi la classificavano come un'emozione o una passione che prevede la fruizione dell'oggetto desiderato, la gioia, nel futuro anziché nel presente. È un sentimento o un'emozione personale perché personale è per lo più l'obiettivo o l'oggetto al quale si tende e si desidera; ciò è particolarmente vero e in grado massimo nell'esperienza amorosa, e meno vero, e comunque in grado minimo e in gran parte inconscio, nelle esperienze sociali, anche politiche e nelle tensioni all'utopia. Nella speranza è presente una misura di probabilità del raggiungimento dell'oggetto desiderato: la mancanza assoluta di una probabilità ragionevole di tale raggiungimento nega la speranza e può dar luogo al timore; non è vera speranza quella che sia del tutto irrealistica (piuttosto un'illusione assurda) né quella impedita da circostanze che siamo incapaci di controllare (timore).

Petrarca sapeva benissimo che il mondo da lui amato, quello dei sapienti antichi, associava la speranza al timore e perciò ne faceva un impedimento alla vita beata – lo leggeva tra gli altri in Seneca (*De beneficiis*, 7, 2, 4) –; e deduceva dai loro scritti che l'appetizione di un bene o di un fine presente nella speranza l'associa per molti versi alla volontà. Sapeva anche, e molto bene, che la «rivelazione» cristiana aveva impostato il discorso sulla speranza in modo molto diverso, perché il cristiano, portato dalla tensione verso il futuro dalla speranza, ne aveva collocato il fine o l'oggetto nella vita eterna. Diventava così una speranza molto diversa da quella amorosa o dalla «vita beata» intesa come «otium», intanto perché riduceva a zero la presenza della «probabilità» dal momento che il bene desiderato è certo; poi implicava un tipo di appetizione che non è più basata sull'irascibile – come si diceva nel linguaggio del tempo – ma sul concupiscibile[5]. A quel punto non è più un'emozione (un sentimento di reazione al pensiero della gioia futura) né una passione (un tendere dell'anima verso l'obiettivo desiderato), ma è una virtù, la virtù teologale della speranza, perché della virtù ha l'oggetto supremo e di essa ha la qualità dell'*habitus* o dell'acquisizione permanente di un modo di esistere. È diversa dalle altre forme di speranza perché, pur possedendo anch'essa i tre requisiti fondamentali della pazienza e dell'attesa e della fiducia, esclude la componente della «probabilità» ma conosce

[5] Cfr. san Tommaso, *Summa Theologica*, I, IIae, 40, 1; per la speranza in genere, II, IIae, qq. 17-22.

l'evidenza del bene desiderato soltanto grazie alla rivelazione, cioè l'accetta per fede, come evidenza di un premio non conosciuto: il dono è certo se non si dubita di ottenerlo, se, in altre parole, esiste la fede; e questa certezza si raggiunge grazie all'amore-carità, l'agápe, l'amore gratuito per il Sommo Bene. In questo tipo di speranza manca l'incertezza intanto perché il bene desiderato non conosce oscillazioni, non si rifiuta e non viene meno; poi perché chi lo desidera lo deve desiderare in modo esclusivo per ottenerlo. C'è sempre, e forte, l'elemento dell'attesa e della pazienza, ma, per dirla con parole di Dante, è «uno attender certo / de la gloria futura» (*Paradiso*, XXV, 67 ss.), è un attendere che già da vivi ci rende partecipi della vita eterna, e questa è la gioia dello sperare certo. Questa è anche la gioia che rende «la mente quieta», che la libera da quell'ansia sempre presente nella speranza dei beni desiderati.

Ma come passare da un tipo di speranza all'altra; come sperare – nel senso fondamentale di «appetere» con tutta la volontà – nell'eterno? Per tutta la prima parte del *Canzoniere* la speranza ha teso verso un bene terreno, Laura e l'alloro, mentre ha trascurato il Bene Supremo benché sia presente la consapevolezza dello stesso. Cosa avverrà con la morte di Laura, con il venir meno dell'oggetto della speranza? Nascerà la speranza «cristiana» del Bene Supremo? E come?

L'inizio della seconda parte rilancia il tema della speranza cominciando però a volgerla in dubbio dal momento che essa ha per oggetto ciò che viene offerto dal «mondo traditore» che «d'ogni pace et di fermezza è privo» (264, 28-31); ne consegue l'esortazione «or ti solleva a più beata spene, / mirando 'l ciel che ti si volve intorno» (48-49), e la constatazione conclusiva che l'amante vive ormai solo di speranza («vivo sol di speranza», 265, 9), constatazione ancora più patetica perché precede di poco la morte di Laura. Fino al momento estremo, dunque, la speranza alimenta la vita del poeta e addirittura sembra dargli la sola ragione di vita (son. 266). Il presagio di morte riguarda l'autore e non l'amata. È importante il fatto che l'esortazione a sollevarsi «a più beata spene», e l'affermazione con cui si apre il sonetto immediatamente precedente l'annuncio della morte di Laura («Signor mio caro, ogni pensier mi tira / devoto a veder voi», 266, 1-2) indichino l'origine del movimento verso l'alto nel cuore dell'amante, e questo perché, come capiremo dalla conclusione della storia del *Canzoniere*, la speranza e ogni forma di mutamento interiore devono scaturire dall'intimo più profondo anziché prendere le mosse da sollecitazioni esterne per quanto importanti possano essere, incluso la morte dell'amata.

La morte di Laura stronca tutte le speranze che l'amante aveva alimentato poco prima della dipartita, durante l'incontro che poi sarebbe stato l'ultimo:

> Di speranza m'empieste et di desire,
> quand'io partì' dal sommo piacer vivo;
> ma il vento ne portava le parole (son. 267, 12-14).

Quella speranza era l'amore stesso con il suo attendere, non importa quanto a lungo e non importa esattamente cosa. Per questo i componimenti prossimi alla notizia della morte di Laura sono insistiti sul tema della speranza: il 267 accusa la vanità di tanto sperare; nel 268 l'amante arriva alla terribile constatazione che non vedrà mai più l'amata in questa terra e non può più neanche sperare di vederla («perché mai veder lei / di qua non spero, et l'aspettar m'è noia», 8-9); ma ecco un lume di nuova e diversa speranza: vedere l'amata «presso al vero», e non, come ci si aspetterebbe, vedere «il vero». Ritorna una nota disperata: «perduto ò quel che ritrovar non spero» (son. 269, 3); e la stanchezza, che è come dire la mancanza di volizione e di fede, fa disperare l'amante di «cosa seguir che mai giugner non spero» (270, 28). Si arriva alla preghiera: «Aguaglia la speranza col desire» (270, 39), che è come desiderare di tornare a quello che è stato, quando desiderio e speranza erano legati. E anche quando l'insistenza sul tema della speranza si dirada, non per questo viene meno. Ora «il desir vive, et la speranza è morta» (son. 277, 4); oppure «O speranza, o desir sempre fallace» (son. 290, 5); e il motivo ritorna con insistenza: «veramente fallace è la speranza» (son. 294, 14), mentre però spera che Laura veda tutto dal cielo «altra di lei non è rimaso speme» (son. 295, 8). La morte ha avuto invidia dello stato felice del poeta, stato che era la tensione continua della «speme» (son. 315, 12-13). Ma questa speranza è legata alle cose del mondo ed è cieco chi spera in esse (son. 319, 6). E ricordando come ha vissuto quell'attesa inutile, esclama: «o caduche speranze, o penser' folli» (son. 320, 5), e le cose che fiorivano una volta ora sono spente! È morta anche la speranza che Laura possa calpestare coi piedi la terra che lo coprirà da morto, una speranza che gli dava il conforto del riposo! La morte ha ucciso la speranza (324, 6) e cancellato il «guiderdone» che s'attendeva. La speranza svanisce: «quante speranze se ne porta il vento» (son. 329, 8). Per questo l'amante spera che la morte arrivi presto («il camin / sì breve non fornire spero», 331, 19-20); tema che riappare nella sestina «doppia» adiacente: «Vissi di speme, or vivo pur di pianto, / né contra Morte spero altro che Morte» (332, 41-42), e spera che la morte possa ridargli la vita con la rinnovata visione di Laura. È ormai questo il senso nuovo o superstite della speranza di essere ancora legato all'amata:

> Ond'io spero che 'nfin al ciel si doglia
> di miei tanti sospiri, et così mostra,
> tornando a me sì piena di pietate;
>
> e spero ch'al por giù di questa spoglia
> venga per me con quella gente nostra,
> vera amica di Cristo e d'Onestate (son. 334, 9-14).

La speranza è che Laura interceda per lui presso Cristo. Siamo *in extremis* ma ancora non c'è speranza che non sia legata a Laura, anche quando le si immagina un ruolo di mediatrice. Essa è presente più che mai nella visione dell'eterno. E forse in quest'ultimo desiderio abbiamo il segno di come possa avvenire un riorientamento della speranza.

Cosa è cambiato rispetto alla prima parte del *Canzoniere* quando Laura era oggetto di un desiderio strutturato con una componente di «probabilità»? Come sopravvive una speranza se il bene desiderato è morto? Cosa mai può essere una speranza senza la dimensione del futuro che è consustanziale all'idea di speranza? Non si può sperare nel passato! Eppure è possibile sperare di poter sperare *come* nel passato; ma ciò vuol dire che la speranza si trasforma in nostalgia, ossia rimpianto di qualcosa che più non è. Ma perché mai tanta tenacia nell'attaccamento a un ricordo che frutta solo lacrime? È il rimpianto per un modo di esistere, quando amare significava sperare e volere; è nostalgia per una forma di vitalità che si proietta nel futuro e vuole dominare il tempo, il grande avversario-complice della speranza e della volontà. Quell'amore perduto era il centro della personalità dell'amante perché teneva insieme la dinamica tra il suo volere e il suo potere; ora è venuto a mancare e la sola possibilità di riaverlo è limitata al ricordo. Sembra un atteggiamento umanissimo, ma non deve sfuggire il fatto che contiene un'insidia vitale. Nel fondo si riduce a questo: oggetto dell'appetizione è il ricordo di un modo di essere, di una vitalità o tensione che impegnava cuore e volontà. Alla persona vera si sostituisce la sua ombra, e ad amarla è una persona anch'essa morta dal momento che ha perso la sua propria vitalità che dipendeva dall'amore per una donna vera ma ora morta. L'insidia del narcisismo è reale, non nella forma di un amore per se stesso, ma nel senso tutto medievale di amore di un'ombra di se stesso. Tutto diventa irreale o, forse meglio, le vite si sono vuotate dei contenuti che sono l'essenza stessa della vitalità. E tutto questo è vero anche se conserviamo a Laura il valore della «onestade», un tema sul quale dovremmo tornare presto: la perfezione degli ideali di gloria e del bello in sé rappresentato dall'amata appare priva di contenuti reali, ed è incapace ormai di suscitare la volontà di esistere. Siamo, insomma, in crisi, in un progressivo perdere gli strumenti per combattere il tempo e per vincerlo, per combattere se stesso. Subentra lento ma persistente il pensiero della morte. A poco valgono le ripetute esortazioni di Laura che scende dal Paradiso ad indicare un nuovo contenuto alle speranze dell'amato. Egli non può obbedire perché tale mutamento deve aver origine solo nel suo intimo. Ma il suo intimo si sta vuotando: il desiderio si dimostra sempre più irreale e astratto; la vitalità è pressoché spenta perché troppo confusi sono i fini ai quali dovrebbe indirizzarsi.

Questo «svuotamento» rende facile la personificazione che apre finalmente la possibilità di una svolta: il poeta personifica se stesso e l'amore, li traduce in personaggi che non sono più nella sua intimità ma possono stargli davanti come «altri», e li pone davanti alla ragione. Arriviamo così alla celebre canzone 360, «Quell'antiquo mio dolce empio signore», canzone che risolve l'*impasse* dell'intera storia del *Canzoniere*, o meglio, lo risolve ponendolo in crisi.

La canzone è impostata come un processo in tribunale in cui un amante accusa Amore di avergli causato infelicità a tutti i livelli, e Amore si difende ricordando tutte le dolcezze e i benefici che ha procurato al suo seguace. Gli argomenti sono ben noti per cui non è necessario rivederli. L'unica eccezione va fatta per l'ultimo argomento perché è pertinente al nostro discorso. Proprio nell'ultima strofa Amore accusa l'amante di non aver capito quale messaggio gli veniva dall'alto con la bellezza di Laura, di non aver saputo individuare quali e quante virtù erano presenti in lei, che era la sua «speranza». L'accusa, insomma, è di aver sprecato la possibilità di vedere nell'amata una via al Signore perché ha visto in lei il fine e non il mezzo. È un errore di giudizio cruciale che rende «vane» tutte le speranze del passato; e al lettore non sfuggirà che Amore si presenta come il vero ponte tra mondo terreno e mondo celeste purché chi lo sente lo senta nel modo giusto. L'amante si difende accusando a sua volta Amore di avergli tolto l'amata; e questi a sua volta ritorce che non lui ma Dio ha chiamato Laura ad altra vita:

> Anchor, et questo è quel che tutto avanza,
> da volar sopra 'l ciel li avea dat'ali,
> per le cose mortali,
> che son scala al Fattor, chi ben l'estima:
> ché, mirando ei ben fiso quante e quali
> eran vertuti in quella sua speranza,
> d'una in altra sembianza
> potea levarsi a l'alta cagion prima;
> et ei l'à detto alcuna volta in rima,
> or m'à posto in oblio con quella donna
> ch'i' li die' per colonna
> de la sua frale vita. – A questo un strido
> lacrimoso alzo et grido:
> – Ben me la die', ma tosto la ritolse. –
> Responde: – Io no, ma Chi per sé la volse – (360, 136-150).

Con l'accenno alla morte di Laura si chiude il dibattito e i due contendenti si rivolgono a Ragione che presiede come giudice in questo tribunale. Il verdetto è memorabile perché è problematico:

> Alfin ambo conversi al giusto seggio,
> i' con tremanti, ei con voci alte et crude,
> ciascun per sé conchiude:
> Nobile donna, tua sententia attendo. –

Ella allor sorridendo:
– Piacemi aver vostre questioni udite,
ma più tempo bisogna a tanta lite. – (360, 151-156).

Il problema di questi versi presenta stretta somiglianza con la conclusione del *Secretum* (ma più precisamente con le ultime parole di Agostino) di cui riappare addirittura la parola «lite»[6]; e ciò, a parte tanti altri problemi (riguardanti specialmente la datazione della canzone), offrirebbe una solida base per quelli che vogliono vedere nel *Canzoniere* un'opera «aperta», una conferma dell'incapacità veramente costituzionale da parte di Petrarca di poter dirimere il suo dilemma tra mondo terreno e mondo celeste. Sennonché la conclusione del *Secretum* è tutt'altro che pacifica, e non tutti i critici concordano nel vedere da parte del personaggio Francesco un rifiuto categorico dei consigli del suo santo interlocutore: anzi alcuni vi trovano l'assenso, tardivo quanto si vuole ma pur sempre un assenso, alle parole di Agostino[7]; e altri vedono nello scambio finale del *Secretum* un espediente del quale Petrarca si serve per prevenire le possibili accuse di aver completato le opere latine (*Africa* e *De viris*) appartenenti alla fase «romana» della sua vita, e anche le eventuali accuse di non averle portate a conclusione[8]. Eppure ci sono varie altre considerazioni da fare in vista di quanto siamo venuti dicendo.

Perché mai «sorride» la Ragione davanti a un problema così serio? Sarà veramente segno di saggezza come voleva Croce[9], o non sarà piuttosto segno di un rifiuto di pronunciarsi davanti a un problema impostato in modo irrisolvibile o comunque di competenza di altri giudici? Non c'è dubbio che la «causa giuridica» abbia le caratteristiche delle *quaestiones insolubiles*,

[6] «In antiquam litem relabimur: voluntatem impotentiam vocas», *Secretum*, III, 214, ed. Enrico Fenzi, Milano, Mursia, 1992, p. 282 [«Ricadiamo nella vecchia lite: chiami impotenza la volontà»].

[7] Si veda, ad esempio, Bortolo Martinelli, *Il «Secretum» conteso*, Napoli, Loffredo, 1982, p. 185.

[8] La tesi è sostenuta da Francisco Rico, *Vida u obra de Petrarca*, Chapel Hill, NC, North Carolina University Press, 1974, *passim* e specialmente pp. 449 ss.

[9] Benedetto Croce, *Canzone «Quell'antiquo mio dolce empio signore»*, in *Poesia antica e moderna. Interpretazioni*, Bari, Laterza, 1941, pp. 172-178.

delle *controversiae*, e forse il termine «lite» sta a indicare precisamente la natura di tutto il discorso. L'insolubilità dipende dal fatto che i due contendenti siano la stessa persona. Lo sdoppiamento li fa apparire distinti ma in realtà sono una stessa cosa; e anche se uno prende le vesti del «dio d'Amore», in realtà è chiaramente un'altra metà dell'amante. Tuttavia bisogna aggiungere che lo sdoppiamento li ha «personificati», cioè li ha trasformati in *personae* drammatiche, e si può dire che in loro approdi quel processo di «svuotamento» della personalità che abbiamo associato alla perdita della speranza. Una tale oggettivazione di se stesso sottrae l'amante al suo consueto esercizio del monologare, dell'interrogarsi e del rispondersi senza mai superare quel circolo chiuso. Ora la Ragione può ben sorridere vedendo che un amante porta in corte proprio ciò che lo rende tale. E può anche sorridere perché ogni decisione dissolverebbe senz'altro il problema, ma non lo risolverebbe, perché una soluzione equa deve prima di tutto salvare amore e amante e per poterlo fare deve impostare la lite in modo nuovo, non come un'insolubile antitesi ma come una dialettica dinamica in cui entrambi i contendenti collaborano. E questo compito non è più di competenza della Ragione: devono essere i due contendenti a farlo, a sentire prima di tutto che la lite è una sorta di eristica ormai sclerotizzata – e forse proprio per questo chiaramente scomponibile nei suoi elementi –, la cui via d'uscita non può essere data dalla ragione ma dall'intimo dell'anima, da un nuovo modo di sentire; quindi non una soluzione razionalista bensì una soluzione psicologica, più vicina alla persona che dice «io». La nuova voce da ascoltare sarà quella della coscienza, la sola in grado di dire se il nostro agire e il nostro sperare ci rendano felici o meno.

Ecco allora che da questo punto morto, da questa «crisi della ragione», riprende il viaggio finale con il ciclo del pentimento, che esamineremo a suo tempo. Per il momento vediamo che in fase di pentimento e di resurrezione ritorna la speranza, e questa volta sarà la «vera speranza».

Ora ritorna l'idea di speranza che si era eclissata per una trentina di componimenti: una volta nel son. 363 («Non è chi faccia et paventosi et baldi / i miei pensier', né chi li agghiacci et scaldi, / né chi gli empia di speme, et di duol colmi») e una volta nel son. 364 («Tennemi amor anni ventuno ardendo, / lieto nel foco, et nel duol pien di speme»), entrambe le volte riferito alle speranze del passato, ricordate senza rimpianto ma con la tristezza di aver sperato invano. Il son. 365, il penultimo componimento, si chiude con la dichiarazione solenne:

A quel poco di viver che m'avanza
et al morir, degni esser tua man presta:
Tu sai ben che 'n altrui non ò speranza.

Ormai la speranza ha trovato il suo oggetto vero, e questa volta non ci sono più titubanze né timori perché il contenuto è veramente il «Re del cielo invisibile immortale» (son. 365, 6), quell'oggetto o quel fine che finalmente conosce la speranza senza la compagnia del timore. E questo perché non è più la speranza degli amanti ma la Speranza virtù teologale!

Con questo verso si potrebbe chiudere il *Canzoniere*. Ma ancora rimane la canzone alla Vergine: non una preghiera di intercessione per vedere Dio, e neppure un segno supremo di rinuncia a Laura, ma, come vedremo, una dichiarazione estrema della consapevolezza della propria umanità, dell'essere una persona in corpo e anima, di essere «un figlio» che deve compiere l'ultimo passo per essere libero dal proprio corpo, come è successo a Laura, e poter vivere nell'eterno raccogliendo il frutto della vera speranza, cioè la beatitudine eterna. Quel passo è doloroso per tutti gli uomini, come lo fu anche per Cristo, il figlio della Vergine; e il nostro autore lo teme come tutti gli uomini, e per questo ancora una volta egli può sperare: «Vergine, in cui ò tutta mia speranza / che possi et vogli al gran bisogno aitarme» (366, 105-106), dove si dichiara la fiducia di trovare soccorso nel momento supremo della morte affinché in un attimo di debolezza non sopravvenga la disperazione. Speranza, dunque, di raggiungere il regno dove non si spera più perché non esiste più il tempo ed esistono solo certezze[10].

[10] Cfr. Agostino, *De doctrina christiana*, I, 38: «Sed fidei succedit species, quam videbimus, et spei succedit beatitudo ipsa, ad quam perventuri sumus; charitas autem etiam istis decedentibus augebitur potius» [«Alla fede succederà la visione che contempleremo nella vita futura; alla speranza succederà la possessione della stessa felicità alla quale arriveremo; la carità, benché cessino la fede e la speranza, aumenterà»].

È l'ultima espressione di speranza ed è anche la più serena nonostante venga proferita «in su l'extremo passo»: serena perché piena di fiducia e perché sgorgata da un amore pieno, senza dubbi o timori. È come se improvvisamente l'amante scoprisse e sentisse il vero amore, che è come dire il principio basilare della fede cristiana consegnato nella lettera del primo comandamento: «et diliges Dominum Deum tuum ex toto corde tuo, et ex tota anima tua, et ex tota mente tua, et ex tota virtute tua. Hoc est primum mandatum» (Mc 12, 30: [«e amerai il Signore Dio tuo con tutto il tuo cuore, con tutta l'anima tua, con tutta la mente tua, con tutta la tua virtù. Questo è il primo comandamento»]). La speranza di raggiungere questo Sommo Bene è commisurata all'amore: più lo si ama e maggiore è il grado di certezza di essere esauditi. Qui sta la differenza sostanziale con le speranze terrene sempre incerte sui compensi, specialmente le speranze amorose che vengono spesso deluse proprio quando più intensamente si ama. La speranza raggiunta salendo quel gradino in più è quella vera: comporta anch'essa un'attesa come ogni forma di speranza, ma verrà sicuramente premiata. Essa è inseparabile dalla Fede e dalla Carità tanto che non è problema teologico di poco conto distinguerle nettamente. Petrarca trova in essa la liberazione dalla «lite» amorosa, liberazione che non ha potuto ottenere dallo stoicismo con tutti i suoi insegnamenti sul dominio delle passioni. Il bene eterno non sopprime le passioni ma le trasforma e le potenzia in qualcosa che la filosofia non può fare: eleva l'amore in Carità ed eleva la ragione in Fede; e ciò è possibile grazie alla Speranza; ma si può anche dire che la Fede e la Carità sono a loro volta l'origine della Speranza. C'è di più: la speranza vissuta alla luce della ragione conosce il fattore della «probabilità», e quindi il timore della incertezza; la speranza vissuta alla luce della Fede non conosce la probabilità ma solo la certezza.

Evitando il problema teologico di distinguere in modo rigoroso le virtù teologali, possiamo riassumere dicendo che la speranza in generale è la tensione verso un bene che viene a compensare l'attesa, e la natura del bene che si cerca determina la qualità della speranza. Ora, nella sua forma più semplice la speranza corrisponde alla semplice volontà, o meglio al semplice volere, anche senza l'impegno della ragione o della coscienza che valuta il fine (ad esempio la speranza di avere figli). In quanto tale essa rientra perfettamente nell'ordine della Natura. Ma trattandosi della beatitudine eterna le cose sono più complicate perché se anch'essa rientrasse nell'ordine naturale delle cose non si vede perché le Scritture avrebbero dovuto rivelarne il contenuto e farne una virtù «infusa» o teologale. È naturale, insomma, che l'uomo tenda alla perfezione della virtù, perché questa coincide con la perfezione della natura stessa, come insegnavano tutte le filosofie familiari a Petrarca; ma non è un fatto naturale che l'uomo tenda alla perfezione della beatitudine eterna. Infatti se la ragione la considera tale non ne consegue che possa attingerla con le sue facoltà o con la propria volontà. Per raggiungerla è necessaria la speranza in un Bene non visto ma creduto come vero; per cui si dice che essa scaturisca dalla Fede. La speranza teologale, dunque, non è semplice frutto di volontà, anzi è in grande misura causa di volontà: è piuttosto una virtù infusa che la divinità dona a chi fatica per averla, a chi ha volontà di possederla. La vera speranza è la prova che Petrarca finalmente supera il limite della ragione per entrare nel regno della Fede, problema sempre sentito almeno fin da quando nel *De sui ipsius et multorum ignorantia* dichiara la propria insoddisfazione per una «ragione aristotelica», per un sapere che non si traduce in vita piena, in molla del volere. Se Petrarca nella sua vita ha conosciuto una profonda *mutatio* lasciando gli studi del mondo antico o gli *studia humanitatis* per la filosofia morale, è anche vero che alla fine del *Canzoniere* vediamo una nuova *mutatio*, un passo ulteriore nel quale la filosofia morale viene sublimata nel vitalismo della Fede, e il *Canzoniere* offre una chiusa a una vita rimasta fino ad allora sempre aperta e perciò stesso problematica.

La storia del *Canzoniere* è la ricerca di quel momento in cui l'autore possa dire che la volontà si allei fermamente alla Speranza. Quelle che l'hanno mosso fino a quel momento sono le speranze che lo tengono in vita ma anche quelle che lo riempiono di timori e sono tipiche degli amanti che sperano e nello stesso tempo temono, oscillando continuamente fra le due emozioni.

Come arriva, dunque, a cambiar pagina? Il processo rimane in gran parte misterioso, come è misterioso il passaggio dalla ricerca filosofica alla scoperta di Dio, dalla filosofia alla teologia, passaggio sul quale non poco scrissero i Padri e i Dottori della

Chiesa, e che Dante affabula nel cambio di guida da Virgilio a Beatrice, e anche Petrarca lo spiegherà alla maniera dei poeti nella canzone 359 che vedremo a suo tempo. Per ora importa sottolineare ancora una volta la sapienza con cui Petrarca ha scelto di porre la speranza fra i temi e le strutture portanti del *Canzoniere*: una sapienza che la familiarità con la sua opera ci fa apparire scontata, ma che in realtà è prodigiosa. Attorno a essa si costruisce il personaggio: la storia del suo amore, della tensione verso un bene che non viene mai raggiunto, che addirittura muore e allora viene ricordato come una conquista perduta; la storia della fedeltà a un ideale; di questa storia la speranza anima la dinamica, ne scandisce i tempi, ne colora il senso del tempo, vi introduce e rende pregnante il senso della morte, e lascia intravedere il bisogno di una risoluzione, di un appagamento. Le speranze degli amanti sono insopprimibili perché sono naturali, ed è sbagliato pensare che siano peccaminose. Succede, però, che la coscienza ci mette in guardia perché in quel tipo di speranza il volere non coincide necessariamente con il potere, pertanto si tratta di speranze «vane», potenziali fonti di grandi infelicità. Quando la coscienza ci dice che il volere si coniuga perfettamente con il potere, allora ci dà l'assenso facendosi sentire la felicità di chi si ritrova con un io integro e non frammentato. Questo accade solo con la speranza del bene eterno, perché il volerlo fa tutt'uno con la garanzia di poterlo avere, e non interviene la ragione a introdurvi il fattore della probabilità. In effetti la speranza domina il tempo riducendolo alla semplice sua «durata», ma togliendogli tutti gli imprevisti e i timori che può comportare: per questo la «vana speranza» non dà pace, accentua e drammatizza al massimo il dissidio fra il volere e il potere, ed è in balia del tempo, mentre la vera speranza dà la pace dell'anima per tutta la durata del tempo.

Anche lo studio della speranza, dunque, mostra che nel *Canzoniere* si scrive e si racconta la conquista della «persona» come volontà e dominio del proprio destino. Visti in questo modo i *fragmenta* che lo compongono vengono a formare un potente *dragmaticon* in cui l'anima parla con se stessa, in una suggestiva psicomachia dove il vano e il vero sperare si scontrano, lasciando, fino alla conclusione, lettori e autore incerti sulle sorti di questo umanissimo duello.

III

IL «VAN DOLORE»

Perché «van dolore»? Perché sarebbe un dolore frivolo o semplicemente sprecato? Esiste un dolore che si possa considerare positivo o utile? A tutta prima risponderemmo di no, in quanto il dolore è sempre segno di male o di mancanza di bene, e per lo più non è voluto da chi lo patisce. Talvolta, però, lo si affronta volontariamente o per evitare un dolore maggiore o per uno scopo nobile che si raggiunge pagando addirittura con la vita: si tratta di casi di eroismo nei quali il dolore è la conseguenza di un atto volontario che si chiama sacrificio. Sono proprio questi ultimi casi a farci capire che un possibile antonimo di «vano» sia «utile» o «necessario», due attributi implicanti una finalità, con la sola differenza che «utile» implica una valutazione o un giudizio o un calcolo, mentre in «necessario» la funzione soggettiva è ridotta al minimo e si associa ai concetti di accettazione o di rassegnazione. Ora, la questione non sarebbe mai sorta se Petrarca non avesse parlato di «van dolore» proprio nel primo sonetto del *Canzoniere*, cioè in quel componimento di tono penitenziale in cui egli rivede e condanna la storia del proprio amore vissuto «fra le vane speranze e 'l van dolore», quasi a dire «tra speranze e dolori inutili». E siccome in quel sonetto proemiale ogni parola è carica di significati che risuonano per tutta l'opera, sarà bene capire quel «van dolore» al quale la prima intuizione ha dato il senso di «non utile».

Incalzano allora altre domande: i dolori sono tutti uguali per origine e intensità? esiste una differenza netta fra quelli fisici e quelli morali? in che misura le rispettive terapie dipendono dai pazienti stessi o da fattori esterni? e quale fine mai potrebbe rendere «utile» un dolore? Il *Canzoniere* si concentra quasi esclusivamente sul dolore d'amore causato dal diniego dell'amata: dovrebbe essere quindi una sofferenza di natura spirituale di origine esterna, di terapia relativamente facile dal momento che basterebbe rimuovere dalla memoria l'immagine dell'amata. Ma a complicare questo comune dolore d'amore interviene la consapevolezza che esso costituisca una forte distrazione dall'amore per il Sommo Bene e sia pertanto un ostacolo alla salvezza: si tratta dunque di un dolore veramente singolare in quanto è di matrice multipla e di natura conflittuale: è un dolore spirituale che coinvolge tutta la sfera della coscienza e presenta sintomi di grande rimorso; inoltre ha effetti fisici collaterali; infine la cura dipende dal paziente il quale, però, capisce che la cura sarebbe più dolorosa della malattia, e per questo *non vuole* veramente guarire. Una situazione complessa e conflittuale, dunque, che rende difficilissima ogni operazione lenitiva o terapeutica. Il *Canzoniere*, però, racconta una storia che si conclude, e il conflitto viene risolto solo quando si precisa in modo fermo e determinante il fine al quale il dolore avrebbe dovuto essere indirizzato: tale consapevolezza viene attinta solo alla fine del *Canzoniere* quando la speranza di salvezza rimuove qualsiasi impedimento.

Di conseguenza, ecco altre due domande: si può raggiungere la salvezza senza dolore? oppure esiste un tipo particolare di amore-dolore che porti alla salute eterna? La prima domanda trova una risposta quasi scontata: poiché non risulta che vi siano religioni o filosofie che ammettano il raggiungimento della vita beata (non necessariamente paradisiaca) senza grandi fatiche e sofferenze, è improbabile che Petrarca voglia suggerire una soluzione del genere. La seconda è più problematica perché richiede delucidazioni sul rapporto fra amore e dolore: bisogna capire se esso crei un conflitto insolubile o se non esista invece un modo di comporlo modificando la natura sia dell'amore che del dolore, o magari trovando a essi un fine comune. Non è una domanda da evadere, perché forse offre una prospettiva insolita dalla quale riconsiderare la storia del *Canzoniere*, prospettiva che, tra l'altro, consente di capire meglio la natura del «van dolore» dal momento che lo paragona a un altro dolore-amore di valenza positiva.

Per fortuna non occorrono ricostruzioni lambiccate né percorsi faticosi per imbattersi in un particolare amore-dolore al cui confronto il dolore dell'amante appare subito irrilevante, se non proprio «vano». Lo troviamo sia all'inizio che alla fine del *Can-*

zoniere; ma i lettori, seguendo le orme dello stesso protagonista dell'opera, non gli hanno dato particolare rilievo, e meno alla menzione iniziale che a quella finale; sennonché quella che per l'autore è una strategia poetica, per i lettori è diventata causa di distrazione che pesa alquanto sulla lettura del *Canzoniere*. Proviamo, dunque, a seguire l'autore, il quale, pervenuto ormai alla fine della sua storia, sembra capire il senso del messaggio che gli era stato dato all'inizio e che poi gli era stato reiterato senza per questo suscitare in lui interesse e curiosità di leggerlo correttamente. Partiamo dunque dal momento finale, non tanto in considerazione di quella legge estetica per cui dal punto di vista dell'arrivo si spiegano le vicende del percorso, quanto piuttosto per il notissimo fatto che l'ultima canzone del *Canzoniere* costituisce una specie di testamento spirituale e segna il punto di svolta definitivo della storia d'amore; per questo è anche la canzone che idealmente precede il sonetto proemiale di pentimento, come confermano pienamente gli stretti legami tematici e lessicali fra i due componimenti.

Una di tali corrispondenze riguarda proprio il tema del «dolore», che non solo apre la storia del *Canzoniere*, come vedremo, ma viene anche a chiuderla, iscrivendola così tutta sotto l'insegna della sofferenza:

> Vergine d'alti sensi,
> tu vedi il tutto, et quel che non potea
> far altri, è nulla a la tua gran vertute:
> por fine al mio dolore;
> ch'a te honore, et a me fia salute (366, 100-105).

La cessazione di dolore avviene nel momento in cui si raggiunge la salute; e siccome si tratta di dolore spirituale o di infelicità, la salute sarà da intendere come pace spirituale o, meglio ancora, come «salvezza eterna». Esiste dunque un rapporto oppositivo fra dolore e salvezza, per cui dove c'è l'uno non può esservi l'altra. Ora se la salvezza è una conquista, deve anche esistere un rapporto causativo che faccia dipendere la salvezza dal dolore (il reciproco è impensabile), rapporto ordinato in modo che l'avvento dell'una superi l'altro. Petrarca conosceva varie tradizioni di pensiero o di cultura sul modo di intendere la sofferenza in rapporto alla pace dell'anima: una era quella dell'amante cortese, un'altra era quella del cristiano che vive in questa valle di lacrime, e un'altra ancora era il mondo delle passioni in generale che il saggio stoico deve dominare. Sono modi profondamente diversi, e la loro compresenza genera la grande novità del *Canzoniere*. La tradizione cortese – e si prenda il termine in senso generico – assume il dolore a tema principale della propria poesia, e lo finge indispensabile per raggiungere la beatitudine amorosa, consistente nella reciprocità d'amore, ma in realtà lo identifica con l'amore stesso: attraverso la sofferenza l'amante si perfeziona spiritualmente per rendersi degno d'essere riamato. Ne consegue che egli perpetui la sofferenza poiché essa è l'amore stesso del quale canta, e la beatitudine gli è continuamente negata perché il suo raggiungimento annullerebbe il soffrire-d'amore. «I trovatori temevano più di qualsiasi altra cosa l'essere corrisposti», disse Rainer Maria Rilke[1], centrando perfettamente il senso del paradosso cortese, paradosso creato dalla natura immanente di un amore che identifica la causa con il fine, chiudendolo in un circuito nel quale la volontà ha come fine se stessa. Questa è una delle ragioni per cui l'amore cortese ignora la «salvezza» che prospetterebbe un'uscita da quel circuito; ed è anche una delle ragioni per cui ignora la nozione di peccato e di pentimento, che invece tormenteranno la «coscienza» di Petrarca. La tradizione cristiana poneva la sofferenza come un retaggio dei nostri primi padri e come una condizione inevitabile o indispensabile per meritare la beatitudine eterna; pertanto il dolore veniva ad avere una funzione causale con una finalità precisa che, una volta raggiunta, obliterava la causa. La sofferenza è come un *test* continuo della fede che il cristiano nutre per il suo Creatore. Infine Petrarca teneva presente la tradizione classica che lega il dolore alle passioni, e che invoca la volontà come rimedio supremo per vincerle con la serenità dell'animo. In questo quadro la sofferenza vana sarà quella che tende a perpetuare se stessa, mentre utile sarà quella che mira a un fine diverso dalla sua causa. Le prime due tradizioni sono quelle che si scontrano nel *Canzoniere*, mentre la terza assume

[1] Rainer Maria Rilke, *Die Aufzeichnungen des Malte Laurids Brigge*, in *Sämtliche Werke*, vol. 6, Frankfurt, Insel, 1966, p. 941.

un ruolo meno vistoso, quasi da spettatore lontano che osserva lo scontro fra gli altri due protagonisti, senza sospettare che anche lui verrà chiamato in causa quando si sente più distaccato da quel conflitto.

Per ora il problema è vedere come Petrarca introduca il tema del dolore e se e come ponga una tradizione accanto all'altra o alle altre. Sarà un'inchiesta interessante e drammatica perché sono tradizioni vissute da uno stesso protagonista: il quale è generoso ed eroico perché non cerca una fuga dal dolore, alla maniera epicurea, ma lo accetta pienamente opponendogli i rimedi che gli vengono ora dalla sua educazione classica ora dalla sua educazione religiosa, ma nello stesso tempo sperando quasi sempre che gli eventi gli offrano la soluzione di un amore ricambiato. Sarà la lotta e l'alternanza tra queste passioni e questi rimedi a fargli capire le debolezze e le risorse della sua umanità; e fra esse travaglierà cercando di comporle insieme per costruirsi il proprio destino eterno senza per questo macchiare l'immagine terrena che lascerà ai posteri.

Il raffronto tra due diversi tipi d'amore-dolore viene stabilito all'inizio del *Canzoniere* con il sonetto terzo che segna la data di nascita e precisa la natura del dolore di Petrarca che occuperà uno spazio senza rivali nell'opera:

> Era il giorno ch'al sol si scoloraro
> per la pietà del suo Factore i rai,
> quando i' fui preso, et non me ne guardai,
> ché i be' vostr'occhi, donna, mi legaro (son. 3, 1-4).

Sulla soglia del *Canzoniere*, dunque, stanno fianco a fianco il dolore del Signore, alluso appena dalla pietà che il sole sente per la sua morte, e il dolore del poeta, o meglio l'occasione del suo futuro dolore. Il resto del sonetto insiste sul modo proditorio che Amore usa nel suo attacco, e l'osservazione mira a sottolineare l'origine involontaria del dolore più che a condannare l'arciere. Il confronto tra le due sofferenze è incommensurabile: provvidenziale, e quindi voluta e con una finalità precisa, quella del Signore, mentre del tutto occasionale e imprevista è quella di Petrarca; personale e terrena quest'ultima di contro a quella che invece riguarda l'umanità intera e il cielo. Ma per il momento non viene fatta alcuna considerazione in tal senso, e il confronto sembra ridursi a un'analogia poetica con la funzione di offrire un indicatore cronologico. Eppure non deve essere tutto così semplice perché il decoro letterario doveva rendere riluttanti a chiamare in causa un evento così importante e poi usarlo come semplice tropo.

Il «dolore» di Petrarca ha inizio in mezzo al «commune dolor», cioè quando tutti piangono la passione di Cristo. La coincidenza è certamente voluta perché in un poeta calcolato come Petrarca il caso puro trova poco ossigeno; e se tale coincidenza ebbe realmente luogo, Petrarca seppe sfruttarla ricavandone implicazioni decisive per il senso generale della sua opera. Comunque, trattandosi di una coincidenza tanto vistosa, non è sfuggita ai lettori del *Canzoniere*, i quali ne hanno sottolineato i significati più trasparenti e quindi più plausibili. Purtroppo la trasparenza ha prodotto facili accontentature e per questo non si è andati oltre la limpida superficie, compensando magari con lunghe dissertazioni sulla data di quel 6 aprile corrispondente o non con il Venerdì santo del 1327. Un punto sul quale si è sorvolato è la funzione del confronto tra il dolore del Signore e quello di Petrarca, senza capire che lasciandolo inerte, ossia privandolo di consequenzialità, tale confronto risulta in un'iperbole inaccettabile: paragonare il dolore di Cristo, sommo e unico per la sua finalità soteriologica, con il dolore di un'esperienza amorosa significa sfiorare la blasfemia o, comunque, incorrere in un peccato di superbia senza pari. Le cose, però, cambiano se intendiamo il confronto non come un parallelo statico o di uguaglianza bensì come rapporto tra modello e imitazione, e meglio ancora come un'imitazione mancata, perché diventa allora un rapporto dialettico e dinamico, una specie di potenziale insegnamento lasciato per lungo tempo inattivo fino a quando, molto ma molto più tardi, se ne capisce il senso. Una dilazione così lunga non può essere senza calcolo, anzi si rivela subito come una strategia poetica che accentua la gravità della colpa del protagonista, il quale non ha saputo, anzi non ha voluto, capire un messaggio chiaro e che per giunta gli viene ripetuto altre volte nel corso della sua lunga vicenda amorosa. L'insieme di tali insegnamenti viene a formare il tema cristologico, della passione e della resurrezione di Cristo, tema presente nel *Canzoniere* quale esempio di amore-sofferenza che porta alla salvezza eterna. Sarebbe sbagliato sottovalutarne l'importanza solo per l'esiguità delle attestazioni; semmai è proprio il contrario, in quanto tale paucità lascia capire lo sforzo che compie il protagonista-autore nel capire la natura dei propri errori, e la lettura di un segnale così illuminante non perde la sua importanza anche se arriva con grande ritardo.

La morte di Cristo, in quanto uomo e in quanto Dio, sta, fin dalle origini, al centro della religione cristiana, e le discussioni sul significato di tale mistero sono tuttora attuali e non prive di aspetti controversistici. Per il nostro proposito è utile soltanto osservare che il modo di considerare la centralità di questo evento conosce due orientamenti fondamentali, caratterizzabili dall'attenzione che uno di essi pone sul momento della morte e l'altro sul momento della resurrezione. I due orientamenti si distinguono più chiaramente se visti nella prospettiva di una *longue durée*, una durata veramente millenaria. In effetti nel primo millennio l'attenzione si rivolse prevalentemente all'aspetto soteriologico, alla resurrezione, mentre nel secondo si è accentuato l'aspetto sacrificale, la morte dell'uomo-Dio, che spinge la discussione sul problema della salvezza dell'uomo. Tale mutamento non fu senza conseguenze, ché mentre nel primo millennio si pose l'accento sull'atto d'amore con cui Dio salva l'uomo, nel secondo millennio si accentuò la partecipazione attiva dell'uomo nel processo della salvazione resa possibile per la prima volta. Così, mentre nel primo millennio il sacrificio della croce veniva inteso come atto supremo d'amore di Dio per la sua creatura, e si insisteva sul vettore «discendente» di Dio, sceso così in basso fino a morire sulla croce, nel secondo millennio il vettore si invertì, o meglio assunse anche l'altra direzione «ascensionale» in quanto il sacrificio di Cristo era una prova dell'amore di Dio per lui ma anche l'esempio della lotta contro il male che ogni cristiano deve condurre per poter risalire a Dio: la salvezza, insomma, era, sì, un dono dell'infinita bontà divina, ma era anche frutto della collaborazione dell'individuo. La frase ripetutissima che «Dio ci salva in Cristo» contiene un arcano dal quale capiamo che qualcosa di noi deve morire con Cristo sulla croce per poter tornare al Creatore e amarlo con perfetta reciprocità. Non è un caso se la teologia del secondo millennio insiste sulla natura umana di Cristo, a cominciare dal *Cur Deus homo* di sant'Anselmo.

Ma da che cosa intende salvarci Dio con il sacrificio del figlio? Egli vuole salvarci da noi stessi, dall'Adamo che vive in noi e che vuole eguagliare Dio e vivere per se stesso. È l'uomo del quale parla Paolo:

Scimus enim quia lex spiritualis est: ego autem carnalis sum, venundatus sub peccato. Quod enim operor, non intelligo: non enim quod volo bonum, hoc ago: sed quod odi malum, illud facio. Sed autem quod nolo, illud facio: consentio legi, quoniam bona est. Nunc autem iam non ego operor illud, sed quod habitat in me peccatum. Scio enim quia non habitat in me, hoc est in carne mea, bonum. Nam velle adiacet mihi: perficere autem bonum non invenio. Non enim quod volo bonum, hoc facio: sed quod nolo malum, hoc ago. Si autem quod nolo, illud facio: iam non ego operor illud, sed quod habitat in me peccatum. Invenio igitur legem, volenti mihi facere bonum, quoniam mihi malum adiacet: condelector enim legi Dei secundum interiorem hominem: video autem aliam legem in membris meis, repugnantem legi mentis meae, et captivantem me in lege peccati, quae est in membris meis. Infelix ego homo, quis me liberabit de corpore mortis huius? Gratia Dei per Iesum Christum Dominum nostrum. Igitur ego ipse mente servio legi Dei: carne autem, peccati legi.

8. Nihil ergo nunc damnationis est iis qui sunt in Christo Iesu: qui non secundum carnem ambulant. Lex enim spiritus vitae in Christo Iesu liberavit me a lege peccati et mortis. Nam quod imposssibile erat legi, in quo infirmabatur per carnem: Deus Filium suum mittens in similitudinem carnis peccati et de peccato, damnavit peccatum in carne, ut iustificatio legis impleretur in nobis qui non secundum carnem ambulamus, sed secundum spiritum. Qui enim secundum carnem sunt, quae carnis sunt, sapiunt [...] Quicumque enim spiritu Dei aguntur, ii sunt filii Dei. Non enim accepistis spiritum servitutis iterum in timore, sed accepistis spiritum adoptionis filiorum in quo clamamus: Abba (Pater). Ipse enim Spiritus testimonium reddit spiritui nostro quod sumus filii Dei. Si autem filii, et haeredes: haeredes quidem Dei, cohaeredes autem Christi: si tamen compatimur ut et conglorificemur (*Rom.*, VII, 14-25; VIII, 1-5 e 14-17)[2].

[2] «Sappiamo infatti che la legge è spirituale, mentre io sono di carne, venduto in potere del peccato. Non so, infatti, quello che faccio, poiché non faccio ciò che voglio ma faccio ciò che odio. E se faccio ciò che non voglio, convengo con la legge che è buona. Ora non sono io che agisco, ma il peccato che sta dentro di me. So infatti che il bene non abita in me, nella mia carne, dal momento che posso volere il bene, però non lo compio. Infatti non faccio il bene che voglio, ma il male che non voglio. Ora se compio il male che non voglio, non sono io a farlo, ma il peccato che abita in me. Trovo dunque questa legge: che quando intendo compiere il bene, è il male che incombe su

È l'uomo che vive la contraddizione tragica dell'esser nato per la libertà ma si assoggetta alla schiavitù della propria carne; la contraddizione dell'uomo che anela alla pace ma che vive in guerra, dell'uomo che vive da empio pur essendo fatto per la giustizia, dell'uomo che asseconda le forze della carne benché senta in se stesso la chiamata dello spirito: un uomo, insomma, dominato dalla potenza del peccato e della morte, le due forze che lo legano alla contingenza del suo essere. Il suo vizio d'origine è la superbia, il ritenersi autosufficiente e il confidare nelle proprie forze tanto da non cercare fuori di sé chi potrebbe alleviargli le sofferenze. Ma il Creatore ha dato alla sua creatura uno spiraglio per uscire da quel circolo tragico dandogli una tendenza all'amore: egli ha creato l'uomo a sua immagine e somiglianza, e la creatura, sollecitata da quella somiglianza, tende per natura a conoscere il suo simile, a ricongiungersi a lui[3]. È il primo impeto verso una «conversione» alla vita dello spirito, un moto che corregge quello opposto della «aversio», ossia dell'allontanamento dal Creatore per seguire la chiamata della carne e della superbia. Quell'amore trova il suo primo

di me. Mi compiaccio di Dio secondo l'uomo interiore, ma trovo nelle mie membra una legge diversa che impedisce la legge della mia mente e mi rende schiavo della legge del peccato che invade il mio corpo. Che uomo infelice sono io! Chi mi libererà dal corpo che porta questa morte? Grazie a Dio per Cristo, nostro Signore. Dunque io stesso con la mente obbedisco alla legge di Dio, e con la carne servo alla legge del peccato. 8. Ma ora non c'è nessun elemento di condanna per quelli che sono in Gesù Cristo. Infatti ciò che era impossibile per la legge, il suo punto debole dovuto alla carne, è stato reso possibile: Dio, avendo inviato il proprio figlio dotandolo di affinità con la carne del peccato, condannò il peccato nella carne, di modo che ciò che è giusto nella legge trovasse il suo compimento in noi, che non ci regoliamo secondo la carne ma secondo lo spirito. Infatti quelli che sono secondo la carne conoscono e si muovono verso le cose proprie della carne; quelli che sono secondo lo spirito sentono e si muovono verso le cose dello spirito [...] Infatti tutti coloro che si lasciano guidare dallo spirito di Dio sono figli di Dio. Non riceveste infatti uno spirito di schiavitù per cadere nuovamente in uno stato di timore, ma riceveste lo spirito di figliolanza grazie al quale gridiamo Abba, Padre! Lo spirito stesso attesta che siamo figli di Dio. Se figli, anche eredi, eredi di Dio, coeredi di Cristo poiché soffriamo insieme a lui per poter essere con lui glorificati».

[3] Il principio era noto anche al mondo non cristiano se lo Pseudo Quintiliano poteva asserire: «nec est ulla supra terras adeo rabiosa belva cui imago sua sancta non sit» (*Declamationes*, XII, 27: [«Non esiste sulla terra una belva tanto rabbiosa alla quale la propria immagine non sia santa»]).

impulso nel sacrificio di Cristo che muore per amore del Padre e delle sue creature: un atto d'amore così sublime non può non commuovere chi ne viene beneficiato, ed è questo sentimento che mette in moto lo spirito della creatura sulla via del ritorno al suo Creatore. Le nozioni di «compenso» o di «soddisfazione» o di «riscatto» e tante altre di sapore legalistico, che la teologia ha elaborato, non spiegano altrettanto persuasivamente il complesso mistero del sacrificio di Cristo e non gettano molta luce sull'amore che la creatura comincia a sentire per il suo Fattore, un amore che si manifesta come sottomissione totale, pari a quella che ha portato Cristo sulla croce. Quel moto iniziale non proviene dalla ragione – la quale, semmai, può rafforzare l'orgoglio dell'uomo che confida in se stesso e nelle proprie capacità creative – ma nasce nello spirito che anela a unirsi alla sua fonte, a identificarsi col suo modello, riconoscendo in lui la paternità e amandolo di un incondizionato amore filiale, simile a quello dimostrato da Cristo con la sua morte in croce. È un moto che nella sua forma di consapevolezza più alta si chiama Fede, si chiama Speranza e si chiama Volontà/Carità, cioè appetizione fiduciosa e disinteressata del Bene supremo; e sono tre nomi distinti della stessa cosa, cioè amore per il Creatore. È un moto che non si limita a un momento né a un periodo, ma è un moto costante nel senso che va continuamente riconquistato e in quanto tale impegna tutta la vita: il sacrificio di Cristo non è un evento occasionale ma l'atto finale di tutta una vita di amore per il Padre.

Tutto questo discorso[4] sarebbe irrilevante se non riuscissimo a riportarlo ad alcuni aspetti centrali del *Canzoniere*, in cui avvertiamo a ogni passo il bisogno di un successo, della conquista di Laura, ma non sospetteremmo mai l'esigenza di una «conversione» se il primo sonetto non ce ne desse un vago indizio. Per quasi tutto il corso del *Canzoniere* sentiamo che il cuore del poeta è «inquieto fino a quando non riposa nell'amata», ma non è esattamente quell'inquietudine che il cristiano sente fino a quando il suo cuore riposa in Dio, come dice sant'Agostino

[4] Per una sintesi dei problemi ai quali s'è accennato si può ricorrere all'articolo «Salut» di Bernard Sesboüé nel *Dictionnaire de spiritualité*, vol. XIV, Parigi, Beauchesse, 1990, pp. 251-284.

all'inizio delle *Confessioni* (I, 1: «inquietum est cor nostrum, donec requiescat in te» [«inquieto è il nostro cuore finché non riposa in te»]). Solo verso la fine sentiamo che l'energia conativa dell'anima sta cambiando profondamente direzione e oggetto del proprio desiderio. In effetti se paragoniamo il *Canzoniere* all'opera più vicina e più grande, cioè alla *Commedia*, che ha per tema proprio la «salvezza delle anime dopo la morte», vediamo quanto siano grandi le differenze e come, proprio per questo, siano significativi i punti in comune. Anche il viaggio della *Commedia* comincia di Venerdì santo e termina con un ritorno dell'anima al Creatore. Il bisogno di trovare un'uscita dalla «selva» e il susseguente intervento di una grazia speciale non lasciano dubbi che il viaggio culminerà nella salvezza del pellegrino; nel *Canzoniere*, invece, non esiste un'iniziale consapevolezza di errore, né alcuna difficoltà allerta l'amante a vederlo; quanto alla grazia, poi, l'innamorato non ne sente bisogno perché quello che potrebbe essere un ostacolo è per lui causa di diletto; inoltre si tratta di un fatto sentimentale affatto privato e individuale per cui tocca all'interessato gestirlo senza intervento di altri. La *Commedia* e il *Canzoniere* sono due casi sublimi di quel processo «ascensionale» della salvazione vigente nel secondo millennio che pose in primo piano la responsabilità dell'uomo nel disegno della propria salvezza – e non sarà un caso se Lutero prese di mira proprio tale responsabilità. Ma i modi di affabularla sono diversi: Dante racconta come esce dall'errore, mentre Petrarca racconta come vi cade e come vive con esso: il primo porta e annulla la propria volontà in quella di Dio, mentre il secondo arriva a riconquistarsela in Dio; il primo compie un viaggio trionfale dell'intelligenza, mentre il secondo si porta dietro un'esistenza di dolore che esacerba il suo peccato. La vera tragedia di Petrarca è che il Creatore gli ha dato dei segnali perché l'amante smarrito potesse dare un nuovo senso alla sofferenza, ma questi non ha saputo, anzi non ha voluto leggerli. È una segnaletica «cristologica» poco visibile ma non per questo meno significativa, ed è quella che dovremmo mettere in rilievo per capire il senso di quel «van dolore».

Ora, affermare che nel *Canzoniere* esista un tema cristologico, pur altissimo e singolare, non equivale a provarne l'importanza poetica. Per ragionarne bisognerà procedere individuando innanzi tutto le prove della sua presenza, e quindi risalire alla sua importanza. Cercando, dunque, prove della presenza del tema cristologico oltre il terzo sonetto, vediamo che esso ritorna implicitamente nei componimenti di «anniversario» 30 e 52, ed esplicitamente nel son. 62 in occorrenza dell'undicesimo anniversario:

> *Miserere* del mio non degno affanno;
> reduci i pensier' vaghi a miglior luogo;
> rammenta lor come oggi fusti in croce (son. 62, 12-14).

dove l'allusione al sacrificio di Cristo è particolarmente significativa per la posizione del sonetto, parte di un «ciclo del ravvedimento», e significativo anche perché offre un'occasione di trarre un insegnamento dalla passione di Cristo, benché l'occasione in realtà modifichi di poco la rotta dell'innamorato. In ogni modo i componimenti di anniversario intendono primariamente offrire l'evidenza della temporalità che colora e scandisce la vicenda dell'amore di Francesco, in una specie di liturgia che prelude ad una pasqua rinviata a tempo indefinito; l'anniversario, insomma, ripropone tanto l'insegnamento del sacrificio di Cristo quanto la «aversio» in cui vive l'amante: se quello ricorda lo spirito, questo ricorda la carne.

Il tema riappare nel momento in cui Laura muore:

> Occhi miei, oscurato è 'l nostro sole;
> anzi è salito al cielo, et ivi splende (son. 275, 1-2),

apparizione fugace di cui non va perso il senso metaforico della perdita della luce; tuttavia, al di là della metafora, c'è da notare come a Laura venga conferito un valore supremo, del tutto immanente, tanto che la sua morte appare come una perdita assoluta; e il richiamo finale a «Lui che lega e scioglie» suona come un ripensamento di scarsa forza consolatoria. Si vuol dire, insomma, che la lezione della «passione di Cristo» non ha ancora prodotto alcun insegnamento efficace.

Rilievi più tangibili ci vengono dall'ultima canzone, il luogo in cui culmina la vicenda d'amore del *Canzoniere*, il componimento che stabilisce il traguardo che il protagonista per tanto tempo esclude dal proprio orizzonte.

Ecco, dunque, in questa posizione strategica, un chiaro elemento cristologico:

> Vergine, in cui ò tutta mia speranza
> che possi et vogli al gran bisogno aitarme,
> non mi lasciare in su l'estremo passo.
> Non guardar me, ma Chi degnò crearme;
> no'l mio valor, ma l'alta sua sembianza,
> ch'è in me, ti muova a curar d'uom sì basso (366, 105-110).

Riconoscere in sé la sembianza del Creatore potrebbe essere segno di grande ambiguità, quasi un'affermazione suprema di autonomia e di autosufficienza; e così sarebbe se in realtà di quell'autonomia non si facesse dono totale al creatore di quella somiglianza. Non v'è rischio di narcisismo perché nessuna delle due figure è un'ombra, e semmai lo specchio divino contiene l'immagine originale. È il momento in cui l'uomo ritorna al suo essere divino o che partecipa del divino, perché il Creatore così ha voluto, amandolo e portandolo a sé. È il momento che dalla «aversio» si è passati alla piena «conversio». Ma vuol dire di più: come Dante vede in Dio l'immagine dell'uomo, così Petrarca fino all'ultimo momento salva la propria umanità, la sua dignità di uomo, quella dignità che Dio stesso gli ha data perché potesse amarlo con tutto il suo cuore, con tutta la sua anima, con tutta la sua mente. Non è un annullarsi in Dio, ma un vivere in Dio con l'impronta individuale che la vita gli ha dato e che ora viene dedicata al suo Fattore come riconoscimento di amore. In quel momento l'uomo Petrarca vorrebbe lasciarsi dietro il «terrestro limo», il suo essere adamitico, «non d'insania voto»:

> Vergine, tu di sante
> lagrime et pie adempi 'l mio cor lasso
> ch'almen l'ultimo pianto sia devoto,
> senza terrestro limo,
> come fu 'l primo non d'insania vòto (366, 113-117).

Il sacrificio di Cristo non avrebbe più misteri per un uomo che nutre sentimenti tali, anche perché sono sentimenti integralmente ispirati da quell'evento. Anzi è importante riservargli l'ultima dichiarazione in cui si coglie un'eco di una pagina di sant'Anselmo, del teologo già ricordato, il quale con maggiore autorevolezza di tutti spiegò perché il figliolo di Dio sia «verace homo et verace Dio»[5]:

Vergine unica et sola,
e 'l cor or conscïentia or morte punge.
Raccomandami al tuo Figliol, verace
homo et verace Dio,
ch'accolga 'l mïo spirto ultimo in pace (366, 133-137).

Padre e figlio, uomo e Dio finalmente unificati in un rapporto di amore eterno, insieme due e uno. È l'avvento della Pasqua, della resurrezione:

Se dal mio stato assai misero et vile
per le tue man' resurgo,
Vergine, i' sacro et purgo
al tuo nome et pensieri e 'ngegno et stile,
la lingua e 'l cor, le lagrime e i sospiri (366, 124-128),

dove anche il termine tecnico «resurgo» vuole sottolineare la riattualizzazione dell'evento centrale cristiano; e nella stessa linea vanno intesi «sacro» e «purgo», verbi entrambi legati all'idea di sacrificio.

Ora, non si dà liberazione dal peccato senza previa confessione e pentimento. In effetti è questa la funzione che assolve il sonetto immediatamente precedente:

I'vo piangendo i miei passati tempi
i quai posi in amar cosa mortale,
senza levarmi a volo, abbiend'io l'ale,
per dar forse di me non bassi exempi.

Tu che vedi i miei mali indegni et empi,
Re del cielo invisibile immortale,
soccorri a l'alma disviata et frale
e'l suo defecto di Tua gratia adempi:

sì che, s'io vissi in guerra et in tempesta,
mora in pace et in porto; et se la stanza
fu vana, almen sia la partita honesta.

[5] Il commento di Santagata a questi versi adduce una citazione di Anselmo d'Aosta.

A quel poco di viver che m'avanza
et al morir, degni esser Tua man presta:
Tu sai ben che 'n altrui non ò speranza (son. 365).

La «vana stanza» alla quale il sonetto allude ci riporta al punto di partenza, al «van dolore», a una vita piena di guerra, di dolore e di tempeste; e il senso della «vanità» di quel soffrire risulta chiarito dal «posi in amar cosa mortale». Eppure non è ancora tutto ovvio. Infatti se l'oggetto dell'amore era «cosa mortale» perché il dolore da esso causato era inutile? Il nostro amante doveva pur aver imparato da una lunga e varia tradizione a vedere la sofferenza come matrice della virtù. Se la pena era fisica su di essa si esercitava la fortezza; se era la tentazione sessuale, si reagiva con la temperanza; se il dolore dipendeva dalla perdita dei cari o del patrimonio o della patria si rispondeva con la *sapientia*; se il dolore era causato dall'ingiustizia si rispondeva a esso invocando la giustizia ... La storia offriva un inesauribile patrimonio di insegnamenti contro il dolore non già per sopprimerlo, cosa impossibile, ma per ricavarne virtù. L'amore cortese – per stare vicini all'esperienza del *Canzoniere* – era un continuo vivere in pene d'amore, ma proprio in questo soffrire l'amante esaltava la propria temperanza; il valore militare aveva il suo *test* più arduo nella resistenza fisica, nella fatica e nell'affrontare il dolore delle ferite; l'anacoreta si prescriveva il digiuno e i disagi fisici; perfino il cristianesimo chiamava «beati qui lugent, quoniam ipsi consolabuntur» (Mt 5, 5: «beati quelli che piangono perché saranno consolati»), e proponeva l'insegnamento di Giobbe ... insomma, la presenza e addirittura il culto del dolore permeava la cultura occidentale, e Petrarca non intendeva disfarsene chiamandolo «vano». Evidentemente non tutti i dolori sono uguali, e alcuni gli saranno sembrati vani e altri no. Quale potrebbe annoverare fra questi ultimi? La risposta è sicura: è il dolore di Cristo in croce che redime l'uomo e gli apre le vie del cielo. Quel dolore ricordato proprio in concomitanza con l'inizio dell'innamoramento è assolutamente diverso da quello dell'innamorato. La *passio* di Cristo è un sacrificio, un'offerta del proprio essere, della propria volontà e della stessa vita, un atto di obbedienza assoluta, di amore disinteressato: egli muore non per guadagnarsi il paradiso ma per aprirlo nuovamente all'umanità; il suo soffrire, insomma, non è un momento transitorio dopo il quale egli troverà la sua gioia, ma è un soffrire di cui beneficeranno gli uomini. Rispetto a questo dolore patito per restituire all'uomo il paradiso perduto, quello di Petrarca, e non solo quello espresso nel *Canzoniere*, nasce da un agone continuo per conquistarsi il proprio paradiso, lottando contro la causa del dolore stesso che è la privazione del bene desiderato: lo anima la speranza di poterlo raggiungere, e solo allora avrà toccato il suo paradiso. Le sue sofferenze non sono di natura fisica, ma sono il tormento della «insoddisfazione», delle ambizioni frustrate, di disegni troppo alti, di miraggi di gloria, di debolezze fisiche ... e in questo oceano di desiderio e di timori egli lotta per comporre il tumulto interiore, consapevole che se non può raggiungere mai il suo paradiso terreno, può per lo meno perseguire un'idea di eroe quale egli vorrebbe essere, ossia quel saggio stoico che cade e risorge, che domina o che cerca di dominare le passioni, che nella sofferenza rafforza le proprie virtù. Ma anche questo ideale alla fine si rivela una grande illusione, anzi risulta come la causa più profonda del «van dolore» in quanto ha impedito all'innamorato di fare sacrificio di tutte le cose che ha amato creandogli un'apparenza di dolore «utile». L'amore per Laura, l'amore per il lauro e/o per la gloria e/o per gli amici e/o per gli studi suscitano *passiones*, cioè un tendere dell'anima o della vitalità verso quei beni; in quanto tali le passioni causano grande sofferenza; ma il saggio stoico sa dominarle e può così gloriarsi del fatto che il dolore sia per lui causa di virtù. C'è però un vizio in tale modo di capire il mondo delle passioni perché chi lo vive così si crea attorno un circolo entro il quale causa e fine coincidono ed egli si colloca proprio al suo centro. L'amore-sofferenza, di cui può anche gloriarsi, è fondamentalmente una forma di egoismo, amore di se stesso e dei beni che immagina possano renderlo felice. In questo amore si manifesta quell'uomo arrogante che pensa di avere la perfetta autonomia del suo essere morale, l'uomo che trova in sé i principi sui quali regolare la propria condotta. È l'uomo che vive la tragedia della quale parlava san Paolo, l'uomo al quale i beni caduchi hanno impegnato l'animo e la mente e il corpo, e come una Medusa l'hanno reso cieco ai beni eterni. La passione commemorata il Venerdì santo gli avrebbe dovuto ricordare che non è sofferenza «utile» o costruttiva quella che ignora il «sacrificio», quella che non s'accompagna alla carità. L'insegnamento degli antichi voleva che le virtù fossero il sommo bene, e praticarle significava vivere pienamente e con beatitudine; ma Cristo ci ha indicato un bene più alto, e la sola virtù che possa raggiungerlo è la carità, l'amore di Dio senza altra ricompensa che l'amore stesso[6]; e a questa virtù teologale sono legate le altre due, Fede e Speranza. Le virtù cardinali o naturali non portano alla salvezza se non le guida l'amore per il Creatore, l'amore-sacrificio col quale ci spogliamo del corpo, delle sue tentazioni e delle tensioni verso tutto ciò che seduce: solo così il nostro spirito ritorna al suo Fattore, l'abbraccia senza macchia, con assoluta spontaneità, con tutto il nostro essere; e amando la nostra somiglianza amiamo noi stessi di un amore condiviso.

La ricostruzione del tema cristologico qui tentata si sofferma particolarmente su due punti: all'inizio e alla conclusione del *Canzoniere*, come se si trattasse di un insegnamento iniziale, poi lasciato cadere e recepito solo alla fine della vita dopo tanto soffrire. Sarebbe un modo di «incorniciare» la vicenda amorosa e liquidarla come un fallimento. Il che è in gran parte vero e sarebbe accettabile se non creasse una soluzione

[6] «Etsi enim non sit in virtute finis noster, ubi eum philosophi posuere, est tamen per virtutes iter rectum eo ubi finis est noster; per virtutes, inquam, non tantum cognitas, sed dilectas. Hi sunt ergo veri philosophi morales et virtutum utiles magistri, quorum prima et ultima intentio est bonum facere auditorem ac lectorem, quique non solum docent quid est virtus aut vitium preclarumque illud hoc fuscum nomen auribus instrepunt, sed rei optime amorem studiumque pessimeque rei odium fugamque pectoribus inserunt. Tutius est voluntati bone ac pie quam capaci et claro intellectui operam dare. Voluntatis siquidem obiectum, ut sapientibus placet, est bonitas: obiectum intellectus est veritas». (*De sui ipsius et multorum ignorantia*, IV, 56-58, ed. Christophe Carraud, Grenoble, Millon, 2000, p. 158 [«Benché il nostro fine non consista nella virtù, dove lo posero i filosofi, tuttavia attraverso la virtù passa la retta via che porta al nostro vero fine; attraverso le virtù non in quanto solamente le conosciamo ma anche amiamo. I veri filosofi di morale e i maestri eccellenti di virtù sono quelli che si propongono di migliorare chi li legge e chi li ascolta, e non quelli che dicono cosa siano le virtù e i vizi gridando negli orecchi il nome chiaro delle prime e il nome detestabile dei secondi; ma sono quelli che sanno instillare nel cuore il forte desiderio di seguire le prime e di fuggire i secondi. È consiglio più utile adoperarsi per una buona e devota volontà, anziché per un intelletto capace e illuminato. I saggi dicono che oggetto della volontà è il bene, mentre oggetto dell'intelletto è il vero»]).

di continuità troppo brusca tra *aversio* e *conversio*, la cui conseguenza più grave sarebbe quella di diminuire il valore della conversione stessa. Convertirsi o mutar vita spirituale, infatti, è soffrire perché ci si deve liberare di un modo di essere o di pensare per abbracciarne un altro; e se la rinuncia è facile, la conversione è senza merito. Ma la conversione, o diciamo meglio *mutatio animi*, non è un atto velleitario o capriccioso, e sarebbe del tutto sconsiderato se mancasse un'idea del nuovo bene per il quale vogliamo rinunciare al vecchio. Senza quel nuovo traguardo mancherebbe l'empito a muoversi nella sua direzione: ci deve essere, insomma, una scintilla di quel bene per quanto remoto e vago possa sembrarci, una scintilla che renda inquieti e ci faccia capire che la nostra volontà non è sul vettore giusto. Il *Canzoniere* è opera piena di inquietudini, di un agone continuo, e Petrarca non lotta solo contro il diniego di Laura o l'irraggiungibilità della gloria, ma lotta anche contro quella voce che gli dice quanto siano effimeri i beni che persegue, distraendolo dal puntare al bene vero. In altre parole, l'insegnamento del sacrificio di Cristo ha lasciato qualche seme nella coscienza dell'amante, un seme che deve ora rompere zolle e sfidare tempeste prima di poter attingere la luce nella quale avrà poi una crescita senza fine. Ma ci vorrà del tempo prima che l'amante se ne renda conto, e lascerà passare inosservati i messaggi della salvezza in Cristo, come quello del sonetto «Movesi il vecchierel canuto e bianco» (son. 16), in cui, all'immagine del vecchio che va a Roma per vedere la «sembianza» del Signore sperando di rivederla in paradiso, fa riscontro quella dell'amante che anela a vedere la sembianza della sua donna in altre donne. Un altro *memento* lasciato cadere è quello che abbiamo visto nel sonetto d'anniversario «Padre del ciel, dopo i perduti giorni» (son. 62). Qui il richiamo alla passione di Cristo avrebbe potuto avere conseguenze non trascurabili dato il contesto penitenziale in cui si colloca il componimento, ma in realtà il mutamento che ne consegue è insidioso. Si ricorderà, infatti, che dopo il «ciclo del ravvedimento» si apre la cosiddetta fase «stilnovistica» del *Canzoniere* che, sotto l'apparenza di rendere spirituale l'amore per Laura, di fatto lo rende più tenace e più resistente a sostituzioni o superamenti, tanto è vero che anche i motivi cristologici recedono nella penombra.

Il motivo per cui tali richiami siano sporadici dipende dall'interferenza del bene che il poeta segue invano, il bene che gli causa «van dolore». È Laura, la creatura che nel corso della storia e agli occhi dell'amante prende il luogo del suo Creatore. Quante volte vanno a lei attributi divini alludendo alla sua bellezza? Divino è il suo «portamento» (126, 57); divino è il suo «sguardo» (son. 351, 9); divine sono le sue «luci» (72, 11) ... È un linguaggio che, pur spogliato delle iperboli e riportato ai suoi ascendenti stilnovistici, non lascia dubbi sull'attenzione ossessiva verso una creatura che «rende di smalto», come fa la Medusa, le facoltà fisiche e intellettuali dell'amante. E come tutte le ossessioni frustrate anche questa porta dolore; ma è il dolore dolce dell'amore ché «dolendo adolcisce il mio dolore» (105, 58), «ma sofferenza è nel dolor conforto» (son. 139, 12). Come liberarsene? e perché mai l'amante vorrebbe liberarsene se quel soffrire gli è dolce? La volontà lo spinge a cercare quel bene che lo ha stregato. Neppure la morte piega questa volontà mal indirizzata, ché egli continua a desiderare Laura o a ricordarne il modo come l'ha desiderata per assaporare nuovamente la dolcezza che gliene veniva e che ora il ricordo rende ancora più intensa e struggente. Laura continua ad essere la stessa persona: quella che parla all'amante dal Paradiso è sempre la Laura dalle sembianze divine, dal divin portamento, dalle luci divine ... è, insomma, una Laura sempre viva. Ma questo che sembra un limite diventa in realtà un fatto positivo perché una Laura ancora «viva» può spingere l'amante a dare un nuovo contenuto all'amore, e in effetti è questa funzione che conserva a Laura un ruolo indispensabile fino alla conclusione del *Canzoniere* e instaura una continuità amorosa grazie alla quale il vecchio amore, quello terreno, s'invera in quello celeste. Questa beata potrebbe accelerare il processo della *conversio*; ma le conversioni richiedono lenti processi di mutamento d'animo, di accettazione, di preparazione, e se l'amore per Laura rallenta il ritorno dell'amante al Creatore, ha anche la funzione di renderlo irreversibile e totale, ossia accettato pienamente con tutta l'anima e con tutta la mente. Una conversione laboriosa dice quanto costi spogliarsi della vecchia scorza, ma offre una sicura garanzia che il nuovo amore sarà almeno altrettanto intenso come quello vecchio.

In un processo tanto lento è difficile cogliere il punto preciso in cui avviene la svolta definitiva poiché ad essa si giunge non con una folgorazione bensì con una graduale conquista che supera lentamente tutte le resistenze e porta alla persuasione totale; per questo è possibile parlare di approssimazioni più che di momenti di svolta definitivi. Nella storia del *Canzoniere* uno di questi momenti si dà quando l'amante vede nella morte di Laura l'insegnamento che non gli era chiaro nel sacrificio di Cristo. Ciò avviene nel sonetto 352:

> Spirto felice che sì dolcemente
> volgei quelli occhi, più chiari che 'l sole,
> et formavi i sospiri et le parole,
> vive ch'anchor mi sonan ne la mente:
>
> già ti vid'io, d'onesto foco ardente,
> mover i pie' fra l'erbe et le viole,
> non come donna ma com'angel sòle,
> di quella ch'or m'è più che mai presente;
>
> la qual tu poi, tornando al tuo Fattore,
> lasciasti in terra, et quel soave velo
> che per alto destin ti venne in sorte.
>
> Nel tuo partir, partì del mondo Amore
> et Cortesia, e 'l sol cadde del cielo
> e dolce incominciò farsi la morte.

È il momento in cui la morte di Laura viene accettata come un bene, come un ritorno al bene, come qualcosa di dolce almeno quanto lo erano i suoi sguardi. La rinuncia a un corpo angelico è dolce perché in quel passaggio si compie la volontà del Signore e si realizza la pienezza della vita spirituale che può essere integrale solo accanto al Creatore, nel luogo in cui la creatura è più vicina alla sua «sembianza» divina. La morte di Laura è un analogo della morte di Cristo: il sole si oscura e la vita vera comincia con la morte. In lei c'è il sacrificio dell'abbandono del corpo per darsi al suo Fattore. Attraverso il suo esempio Petrarca capisce che la perdita della vita è un dolore «positivo» se lo raddolcisce la nozione che quell'evento tremendo sia un passaggio alla pienezza della vita spirituale. La donna che lo ha reso di smalto ora gli apre il cuore a un bene superiore, e attraverso la sua funzione vicaria l'amante capisce il senso del sacrificio, cioè l'amare Dio in Laura.

Infatti il poeta ritorna sul tema con la componente cristologica:

Né minaccie temer debbo di morte,
che 'l Re sofferse con più grave pena,
per farme a seguitar constante et forte;

et or novellamente in ogni vena
intrò di lei che m'era data in sorte,
et non turbò la sua fronte serena (son. 357, 9-14).

Laura è morta lasciando ogni goccia del suo sangue sulla terra, lasciando il suo essere adamitico per aver pieno possesso del suo vero essere spirituale. A questo punto la morte non può più destar paura, ché l'esempio di Laura gli fa capire perché la si debba desiderare:

Non pò far morte il dolce viso amaro,
ma 'l dolce viso dolce pò far Morte.
Che bisogn'a morir ben altre scorte?
Quella mi scorge ond'ogni ben imparo;

et Quei che del Suo sangue non fu avaro,
che col pe' ruppe le tartaree porte,
col Suo morir par che mi riconforte.
Dunque vien', Morte: il tuo venir m'è caro (son. 358, 1-8).

Come Cristo col suo sangue ha aperto le porte dei cieli e ha guidato gli uomini ad unirsi al Padre, così Laura con la sua morte ha lentamente, ma persuasivamente, guidato l'amante a seguirla in Paradiso. In fondo è ciò che Amore voleva per lui fin dall'inizio, come abbiamo visto nella canzone in cui l'autore porta Amore al tribunale di Ragione:

Anchor, et questo è quel che tutto avanza,
da volar sopra 'l ciel li avea dat'ali,
per le cose mortali,
che son scala al Fattor, chi ben l'estima:
ché, mirando ei ben fiso quante et quali
eran vertuti in quella sua speranza,
d'una in altra sembianza
potea levarsi a l'alta cagion prima;
et ei l'à detto alcuna volta in rima,

or m'à posto in oblio con quella donna
ch'i' li die' per colonna
de la sua frale vita. – A questo un strido
lagrimoso alzo et grido:
Ben me la die', ma tosto la ritolse. –
Responde: – Io no, ma Chi per sé la volse (360, 136-150).

Abbiamo visto che Ragione, prendendo l'ultima parola nel conflitto drammatizzato in questa canzone, si astiene dal pronunciarsi in favore dell'amante che accusa Amore di averlo traviato, o in favore di Amore che sostiene di essere stato capito male o travisato. Tale sospensione di giudizio, simile a quella con cui si chiude il *Secretum*, non deve sorprendere ché Petrarca non cerca una soluzione «razionale» o intellettualistica al suo dramma esistenziale, ma propende per una soluzione affettiva, una soluzione che trovi nell'amore la sua forza propulsiva, perché l'amore e non la ragione sta dietro il sacrificio di Cristo. Del resto è risaputo che nella formazione petrarchesca gli insegnamenti di Agostino avevano un peso maggiore di tutta la formidabile attrezzatura logico-filosofica della Scolastica; ed egli sapeva come pochi altri che capire e amare non stanno in necessaria conseguenza. Basta ricordare quanto dice in un passo lapidario del *De sui ipsius et multorum ignorantia*: «Aliud est enim scire atque aliud amare, aliud intelligere atque aliud velle»[7], dove la doppia relazione *scire/*

[7] L'aforisma viene in un contesto che vale la pena riportare in quanto riassume benissimo la natura dell'insegnamento morale, perfetto sotto l'aspetto del ragionamento, ma del tutto inefficace nello stimolare alla virtù: «Video nempe virtutem ab illo [*scil.* Aristotele] egregie diffiniri et distingui tractarique acriter, et que cuique sunt propria, seu vitio seu virtuti. Que cum didici, scio plusculum quam sciebam; idem tamen est animus qui fuerat, voluntas eadem, idem ego. Aliud est enim scire atque aliud amare, aliud intelligere atque aliud velle. Docet ille, non infitior, quid est virtus; at stimulos ac verborum faces, quibus ad amorem virtutis vitiique odium mens urgetur atque incenditur, lectio illa vel non habet, vel paucissimos habet», IV, 53, ed. Carraud, cit., pp. 154 e 156 [«Vedo che egli distingue e definisce sottilmente ciò che sia virtù e ciò che è proprio di ciascun vizio e di ciascuna virtù. Quando ho imparato queste cose, ne sapevo un pochino più di prima, ma la mia anima e la mia volontà rimangono le stesse e io rimango lo stesso. Una cosa è sapere, e un'altra è amare; una cosa è capire e un'altra è volere. Egli {Aristotele} ci insegna ciò che è la virtù, non lo nego; ma la sua lettura non ha, o ne ha poco, quella forza e quell'ardore che viene dalle parole che infiammano lo spirito e gli fanno amare la virtù e odiare il vizio»]. Sul problema del rap-

intelligere vs. *amare/velle* non potrebbe essere più chiara. In effetti la volontà nasce solo se l'intelligenza di un valore è tale da spingerci a volerlo con tutto il nostro essere, a farci capire quanto sia vitale per noi unirci a esso: solo a queste condizioni il conoscere si trasforma in volontà, in quella pulsione affettiva tesa all'oggetto del desiderio. L'agone petrarchesco nasce dal fatto che egli possieda senz'altro una volontà fortissima, ma essa lo porta verso Laura, mentre la ragione, frutto di tutta la sua educazione, gli prospetta un altro bene: quindi è necessaria una conversione che abbia luogo non al livello razionale, da una filosofia a un'altra, ma al livello della volontà, di un volere contro un altro. Solo in tal modo l'io, disgregato fra due pulsioni, può riacquistare la propria integrità. Comunque se nel *Secretum* la sospensione di giudizio condannava la mancanza di volontà in Petrarca, questa volta la volontà è orientata con sicurezza irreversibile verso il vero Bene, ed emerge chiara la condanna o il pentimento per il Francesco del passato il quale non aveva capito che il vero modo di amare Laura non era desiderarla in senso egoistico, bensì quello di lodare in lei il Signore per averla creata così bella da dirigere chi la guarda verso la bellezza suprema dei cieli. L'amore terreno che si rivolge in lode di Dio è gradito al Signore. E Laura «è lode di Dio vera», come Beatrice. L'amore, per Francesco come per tutti gli amanti, non lo si cerca, ma viene all'amante sia come freccia di un dio crudele e giocoso, sia come «accidente in sostanza», come voleva Dante, ma comunque sempre come un inevitabile dono/condanna alla maniera cortese. Nessuno può rifiutarlo, ma come tutte le cose che ci vengono per natura bisogna saperle gestire. Il modo peggiore di farlo è considerare la persona amata come il vero bene e volerla conquistare; ma il vero bene non si conquista riducendolo al nostro piacimento, strumentalizzandolo, bensì riconoscendo che da esso viene tutto ciò che è bello, e il modo di amarlo è riconoscere in tutto ciò che è bello un segno della sua bellezza. L'amore più alto e più vero per una donna è amarla come creatura nella quale

porto fra sapere intellettuale e sapere spirituale, si vedano le belle pagine di Giuseppe Mazzotta, *The Worlds of Petrarch*, Durham, N.C., Duke University Press, 1993, pp. 80-85.

il Signore mostra la sua potenza e bellezza. Riuscire a vincere il modo con cui i nostri sensi «adamitici» la desiderano è il modo di sacrificare o rinunciare al nostro desiderio carnale volgendolo in lode del Creatore. Come vedremo nel prossimo capitolo, Petrarca aveva capito che la forma più alta di amore fosse la lode, e per questo nei componimenti che stanno a cavallo fra le due parti del *Canzoniere* egli sembra scoprire la «onestade» di Laura, ossia quel valore che fa sì che l'amante l'ami come si ama il bello in sé. Questo gli era apparso chiaro poco prima che l'amata lasciasse questo mondo, e dovrebbe apparirgli ancora più chiaro dopo che Laura muore. Questa era, in fondo, la soluzione alla quale era pervenuto Dante nella *Vita nuova*, ed era in ultima istanza l'estensione di quello che predicava la poesia stilnovista. È indubbiamente un punto d'arrivo, ma fermarsi ad esso significava rimanere nella sfera intellettualistica senza alcun traguardo di salvezza. Dante capì questo limite e lo superò conferendo a Beatrice la dimensione della teologia che sussumeva il vero della ragione nell'amore per il Creatore. Petrarca si muove nella stessa scala: a un certo punto non gli basta più «lodare» Laura, ma deve far sì che essa acquisti una funzione salvifica, persuadendo l'amante a volgere i suoi passi verso l'amore del vero bene. In questo modo «intuitivo» Petrarca affabula il dramma del suo esistere alla ricerca di una volontà positiva, di una volizione che non gli consenta ripensamenti e cadute. L'origine della volontà è misteriosa, e lo è soprattutto per un cristiano che deve stabilire se metterla sotto la guida della ragione o sotto quella della fede; comunque sarà il nuovo orientamento della volontà, e non la Ragione, a risolvere la lite amorosa.

Dopo il silenzio di Ragione vengono i sonetti di pentimento. Il peccato più grave, anzi l'unico, è aver sprecato la vita soffrendo inutilmente. L'amore per il Creatore non sarebbe stato privo di dolore perché anch'esso richiede costante tensione e perfezionamento: chi ama Dio è impegnato nel continuo sforzo di liberarsi del vecchio uomo col quale nasce, come ha fatto Cristo sacrificando sulla croce tutta la sua vita. Chi vive in questo modo, facendo della propria vita un sacramento, sa che le porte del cielo gli sono aperte; chi vive come Petrarca deve pentirsi, sentire realmente la *contritio cordis*, e quindi pregare che dal cielo gli venga il soccorso che compensi alle sue mancanze. Ecco dunque la preghiera alla Vergine.

Amando questo Bene scoperto col cuore, Petrarca si rivolge alla Vergine, non a Laura né a Cristo. Perché? Il modello dantesco avrà certamente pesato sulla scelta, ma, come sempre, avrà stimolato anche quel bisogno di differenziazione che Petrarca nutrì nei riguardi del sommo suo vicino. E la differenza doveva essere coerente col resto della storia d'amore che veniva chiudendosi. Dante mette in rilievo il paradosso della maternità di Maria perché il suo poema sta per compiere il salto mistico che lo porta nei misteri più profondi del Creatore; e anche se egli vede l'immagine dell'uomo in Dio, è pur vero che «l'alta fantasia» perde la sua possa nell'ultima visione. Petrarca evita la soluzione misticheggiante anche perché la sua non è una visione. Tuttavia egli conferisce un rilievo particolare alla dimensione umana della maternità di Maria. È la Vergine che ha dato al mondo il Dio-uomo, il corpo e l'essere di Cristo che ci riporta al Padre. Rivolgersi a lei significa riconoscersi uomo-figlio con tutte le fragilità e risorse che tale statuto contempla; rivolgersi a lei significa avvicinarsi il più possibile all'altro suo Figlio, del quale questo misero peccatore conserva una sembianza; ed essere figlio di Dio significa essere «coerede» di Cristo, come diceva san Paolo. Attraverso la preghiera alla Vergine Petrarca salva e valuta nel senso giusto il suo essere uomo e figlio del Creatore, ovvero quell'essere che ha ceduto alle seduzioni di questo mondo, e ora, ritornando al Padre, le riconosce come fonte di «van dolore». Il rapporto filiale dà all'obbedienza e al sacrificio un contenuto completamente diverso dall'*obediensa* dell'amante cortese e dall'obbedienza del vassallo al suo signore, perché quello che in tali rapporti può essere chiamato «dovere» e «diritto» non esiste nel rapporto filiale dove tutto è ispirato dall'amore naturale per ciò che è simile a noi: qui dovere e diritto diventano «sacrificio». Il figlio prega che la Madre gli consenta una «partita honesta» (son. 365, 11), una morte che assommi tutte le cose più nobili nella sfera dell'umano, ossia quella dignità che il Padre ha voluto nei suoi figli. Questo rapporto rende ora comprensibile il sacrificio di Cristo verso il Padre, e fa capire come il rapporto con Laura l'avrebbe messo sulla giusta via se avesse fin dall'inizio capito che attraverso le sue sembianze doveva cercare quelle del Creatore.

Rimane una questione. Maria è la madre di *tutti* gli uomini e Cristo è morto sulla croce per riscattare il peccato di *tutti* gli uomini. Dove sono tutti questi uomini nella storia tanto personale dell'amore di Petrarca? Si ricordi che l'amore folgorò l'amante «nel commune dolor», durante quel Venerdì santo in cui l'umanità piange la morte del suo Fattore. Essi sono presenti come «popol tutto» del primo sonetto o come virtuali destinatari dei «bassi exempli» (son. 365, 4) del penultimo componimento. Dopo tutto la storia d'amore per Laura ha bisogno di un pubblico, ma non è detto che esso sia sempre uguale agli occhi di chi recita per lui: una volta viene chiamato spregiativamente «vulgo», una volta «popolo», una volta «gente»; ma se pensiamo al «voi» col quale si apre il *Canzoniere*, possiamo intuire che il nuovo modo di amare reintegri l'amante, dopo anni di solitudine, nella comunità dei credenti, tutti figli di un solo Padre.

IV

LAURA E IL LIMITE DELL'ONESTADE

L'ultima volta che Petrarca computa in anni la durata del suo amore è nel sonetto 364, quando ormai sta per chiudere l'opera, per cui il dato acquista una pregnanza particolare venendo a significare, se non tutta la vita, almeno gli anni della maturità:

> Tennemi Amor anni ventuno ardendo
> lieto nel fuoco, et nel duol pien di speme;
> poi che madonna e 'l mio cor seco inseme
> saliro al ciel, dieci altri anni piangendo (son. 364, 1-4).

Trentun anni rappresentano un periodo molto lungo anche in un'epoca in cui gli amori erano cantati come eterni. Tuttavia non è il punto che interessa, quanto invece notare che, a differenza di quegli amori cantati in mille voci, quello di Petrarca conosce una mutevolezza che altri amori non possono vantare, eccezion fatta per quello dantesco. La mutevolezza è *a parte subjecti*, cioè legata al modo con cui l'amante vede l'amata; bisogna però aggiungere che, come in Dante, la morte di questa crea un fatto di notevole importanza in cui la componente *a parte objecti* è tutt'altro che trascurabile; anzi dopo la morte il ruolo di Laura come protagonista attiva si accentua. Si vuol dire, insomma, che la «storia» del *Canzoniere* non ha un solo protagonista, ma ne ha due, e sono entrambi «veri» protagonisti in quanto vivono l'amore come «un accidente in sostanza», vale a dire come vera esperienza. È normale, allora, che il modo di sentire l'amore conosca mutamenti, non necessariamente in intensità, quanto piuttosto nel modo del desiderio o delle speranze o di fattori simili, soggetti alle circostanze. Abbiamo visto, infatti, che nella prima fase di questo innamoramento Laura viene cantata alla maniera «petrosa» e che in seguito viene cantata alla maniera «stilnovista», un mutamento questo che dimostra la funzione «perfettiva» dell'amore. Ora esiste una parte successiva che eleva ulteriormente l'idea e il pregio di Laura investendola degli attributi della «casta onestade». Ciò avviene a cavallo delle due parti del *Canzoniere*, quasi a dire che le virtù eccelse dell'onestade vengano scoperte e messe in rilievo solo poco prima della sua morte, e che questa immagine di onestade l'accompagni nella nuova vita e per lungo tempo alteri il modo con cui l'amante l'ama: è il modo «perfetto» e più puro di amare, ma proprio per questo non ammette superamenti e maggior purezza, e in quanto tale costituisce il punto più alto dell'amore che non può essere superato se non uscendo dal regno dei valori nei quali è supremo. È un punto cruciale per capire due cose: quanto sia difficile chiudere il *Canzoniere*, ma anche cosa è necessario perché si pervenga a chiuderlo. Per il momento vediamo in che consiste il rinnovamento rispetto allo stilnovismo.

Il sonetto 262 è l'ultimo dei cinque sonetti dialogati del *Canzoniere* petrarchesco. A differenza degli altri che hanno per dialoganti personificazioni di occhi, di cuore e di donne in genere, questo ha come interlocutori Laura e una «madre», probabilmente una donna anziana non meglio identificata. Poiché Laura fa qui l'ultima sua comparsa da viva – il sonetto successivo è piuttosto l'inno finale alla sua vita terrena e al suo significato – si potrebbe dire che il 262 contenga il suo «testamento morale», l'etopea di quello che è stata e della virtù che ha retto la sua vita:

– Cara la vita, et dopo lei mi pare
vera honestà, che 'n bella donna sia.
– L'ordine volgi: e' non fur, madre mia,
senza honestà mai cose belle o care;

et qual si lascia di suo honor privare,
né donna è più né viva; et se qual pria
appare in vista, è tal vita aspra e ria
via più che morte, et di più pene amare.

Né di Lucrezia mi meravigliai,
se non come a morir le bisognasse
ferro, et non le bastasse il dolor solo. –

Vengan quanti philosophi fur mai,
a dir di ciò: tutte lor vie fien basse;
et quest'una vedremo alzarsi a volo.

Al poeta-amante è riservata l'ultima parola, decisamente di assenso: egli non solo s'allinea con quanto dice Laura, ma trova nel dialogo tra le due donne una verità che neppure i filosofi riescono ad attingere. È una verità che riesce quasi ostica. L'interlocutrice di Laura afferma che la vita è l'unico valore che stia al di sopra dell'onestà. L'affermazione non è da poco considerando che nell'assiologia etica dei tempi di Petrarca c'erano altri valori – la patria, la giustizia, la *pietas* familiare, la religione, per citarne solo alcuni – che stavano certamente al livello dell'onestà se non a qualche gradino più alto; ma è anche vero che la «madre» puntualizza meglio la sua affermazione dicendo che l'onestà di cui parla va riferita alla «bella donna», e non certo a un soldato o a un uomo di stato. Tuttavia Laura va oltre, e sostiene che l'onestà sia superiore alla vita stessa, e lo prova con l'esempio di Lucrezia, la quale avrebbe potuto morire per il solo dolore di aver perso l'onestà senza ricorrere al pugnale. L'inversione dell'ordine crea una specie di *Aufhebung* dell'onestà, perché mentre la donna anziana parla dell'onestà come castità (così almeno sembra a prima vista), Laura innalza o meglio estende il concetto di onestà a tutto ciò che è caro e bello, a tutto ciò che porta onore. Il caso di Lucrezia sembra darle ragione. Infatti, cosa perse Lucrezia quando fu violentata? Non la verginità, e neppure la castità se questa s'intende nel senso di astinenza volontaria dall'atto sessuale – Lucrezia è casta come può esserlo una donna fedele al proprio marito – ma perde l'onestà perché un altro uomo l'ha avuta con ingiuria, e il suicidio prova che la vita vale meno dell'onestà o che la vita senza onestà non merita d'essere vissuta.

Per noi è difficile capire perché Lucrezia, pur essendo innocente, punisca se stessa col suicidio; ed è una difficoltà simile a quella che incontrava Dante davanti a Piccarda, colpevole soltanto di non aver offerto tutta la resistenza di cui sarebbe stata capace contro chi la forzava a infrangere il voto di castità. Consola il sapere che non siamo i soli a rimanere perplessi davanti a questo episodio: saremmo almeno in compagnia di sant'Agostino, per il quale il suicidio di Lucrezia costituiva un dilemma da vera *declamatio* (*De civitate Dei*, I, 19); ed è noto che la vicenda della matrona romana si prestò a spiegazioni diverse perfino di tipo burlesco[1]. Non ci aiuta parlare di «onestà» come sinonimo di «pudicitia» seguendo l'*auctoritas* di Valerio Massimo il quale apre un capitolo sulla «pudicitia» proprio con l'esempio di Lucrezia; semmai sarebbe più illuminante la sua nozione giuridica di «injuria»[2] perché implica un far male con violenza alla persona tutta, a quell'unità integrale di corpo e di anima. Né ci aiuta molto la narrazione dettagliata dell'evento in Tito Livio (*Ab Urbe condita*, I, 57-8), il quale parla della pudicizia di Lucrezia, e le mette in bocca parole che sembrano poi echeggiate da Laura: al marito che la vede piangere e le chiede se stia bene («satin salve?»), Lucrezia risponde: «'minime' inquit; 'quid enim salvi est mulieri amissa pudicitia? vestigia viri alieni, Collatine, in lecto sunt tuo; ceterum corpus est tantum violatum, animus insons; mors testis erit'» [«"Per niente" – rispose – infatti quanto può andar bene per una donna che ha perso l'onore? La traccia di un estraneo, Collatino, è nel tuo letto. Tuttavia solo il mio corpo è stato violato: il mio cuore è senza colpa, come la mia morte dimostrerà"»]; solo che dove Lucrezia parla di pudicizia, Laura parla di onestade. E

[1] Si veda Benedetto Croce, *Lucrezia nella poesia e nella casistica morale*, in *Aneddoti di varia letteratura*, Bari, Laterza, 1953², pp. 400-410; Ian Donaldson, *The Rapes of Lucretia: A Myth and Its Tranformations*, Oxford, Clarendon Press, 1982; Ottavio Besomi, *Un mito rovesciato: un «racconto secondo» della* Secchia rapita, in *Forme e vicende per Giovanni Pozzi*, a cura di Ottavio Besomi, Giulia Gianella, Alessandro Martini e Guido Pedrojetta, Padova, Antenore, 1988, pp. 357-382; Massimo Scalabrini, *Gli amori ridicoli dell'eroicomico: Tassoni e la storia di Lucrezia*, in «MLN», 120 (205), pp. 223-238.

[2] *Factorum ac dictorum memorabilium libri novem*, VI, 1, 1-2: «Dux Romanae pudicitiae Lucretia, cuius virilis animus maligno errore fortunae muliebre corpus sortitus est, a Sex. Tarquinio regis Superbi filio per vim stuprum pati coacta, cum gravissimis verbis iniuriam suam in concilio necessariorum deplorasset, ferro se, quod veste tectum adtulerat, interemit causamque tam animoso interitu imperium consulare pro regio permutandi populo Romano praebuit. Atque haec inlatam iniuriam non tulit» [Lucrezia, modello della castità romana, al cui animo virile la fortuna per errore diede un corpo femminile, fu violentata da Sesto Tarquinio, figlio del Superbo. In un incontro con i suoi intimi, dopo essersi lamentata brevemente dell'ingiustizia, si uccise con una spada che s'era portata nascosta sotto la veste; e una morte così coraggiosa diede al popolo romano motivo di cambiare l'autorità dei re per quella dei consoli. E Lucrezia non tollerò l'ingiustizia che le era stata fatta].

non è una domanda facilmente evadibile visto che Laura viene ricordata in relazione a Lucrezia anche nel sonetto 260:

In tale stella duo belli occhi vidi,
tutti pien' d'onestate et di dolcezza,
che presso a quei d'Amor leggiadri nidi
il mio cor lasso ogni altra vista sprezza.

Non si pareggi a lei qual più s'apprezza,
in qual ch'etade, in quai che strani lidi:
non chi recò con sua vaga bellezza
in Grecia affanni, in Troia ultimi stridi;

non la bella romana che col ferro
apre il suo casto et disdegnoso petto;
non Polixena, Ysiphile et Argia.

Questa excellentia è gloria, s'i' non erro,
grande a Natura, a me sommo diletto,
ma' che vèn tardo et sùbito va via (son. 260).

Lucrezia qui, «la bella romana» col suo petto «casto et disdegnoso», non è la sola a essere paragonata a Laura e a essere da lei superata: Laura supera anche la bellezza di Elena; e Lucrezia ha rivali in Polissena che, al momento di essere sacrificata sulla tomba di Achille, si copre il corpo per pudicizia (Ovidio, *Met.*, XIII, «tunc quoque cura fuit partes velare tegendas, /cum caderet, castique decus servare pudoris», 479-480 [«e anche mentre cadeva, fu sua cura coprirsi le parti intime per conservare la dignità del suo pudore»]); in Ipsifile che si mantiene fedele a Giasone nonostante questi l'abbia tradita (Ovidio, *Her.*, VI); e infine Argia che si offre in sacrificio per amore del marito Polinice (Stazio, *Theb.*, XII, 456-463). Laura le supera tutte, benché non abbia vissuto circostanze così drammatiche come le altre donne nominate. La superiorità le viene dalla sua «onestate» unita a «dolcezza» e a bellezza, ed è un'eccellenza che torna a gloria della Natura e porta all'amante «sommo diletto» insieme alla consapevolezza o rammarico d'averlo sentito solo tardi, quando già l'amata sta per lasciare questo mondo.

Che cos'è, dunque, questa straordinaria onestade che può esser scambiata con la castità ma di fatto la supera, come supera perfino la fedeltà? La domanda acquista un'autentica urgenza se si pensa che i componimenti 260-265, cioè proprio quelli che chiudono la prima parte «in vita» e aprono quella «in morte» di madonna Laura, hanno in comune una parola procedente da un unico ceppo semico: «honestà» o «onestade» e «onore».

Abbiamo già visto due casi nei sonetti riportati. Ora nel son. 261 leggiamo:

Qual donna attende a gloriosa fama
di senno, di valor, di cortesia,
miri fiso nelli occhi a quella mia
nemica, che mia donna il mondo chiama.

Come s'acquista honor, come Dio s'ama,
come è giunta honestà con leggiadria,
ivi s'impara, et qual è dritta via
di gire al ciel, che lei aspetta et brama,

dove troviamo di nuovo onestade e bellezza congiunte, e nuovamente al sommo di un *climax* che colloca quella combinazione al gradino supremo, al valore sommo, prima di passare all'ultimo che è «gire al ciel».

Nel son. 263, l'ultimo della prima parte, leggiamo:

Arbor victorïosa triumphale,
honor d'imperadori et di poeti,
quanti m'ài fatto dì dogliosi et lieti
in questa breve mia vita mortale!

vera donna, et a cui di nulla cale,
se non d'onor, che sovr'ogni altra mieti,
né d'Amor visco temi, o lacci o reti,
né 'ngano altrui contr'al tuo senno vale.

Gentilezza di sangue, et l'altre care
cose tra noi, perle et robini et oro,
quasi vil soma egualmente dispregi.

L'alta beltà ch'al mondo non à pare
noia t'è, se non quanto il bel thesoro
di castità par ch'ella adorni et fregi.

Qui Laura, significata dall'alloro, viene associata all'«honore» ed è fatta depositaria del «thesoro di castità». L'associazione è una delle più note del *Canzoniere*; comunque vederla qui, al limite estremo della prima parte e asserita con tanta forza, serve a farci apprezzare meglio il fatto che la purezza dell'amore verso la quale la storia s'avvia agevoli la fusione di ideali «onesti» quali l'amore per Laura e l'amore per la gloria, e insieme resistano tenaci anche quando l'amata passa alla vita eterna. Il trapasso da realtà ideali a realtà simboliche si coglie ricordando che in un'altra canzone, la 359, anch'essa di *dispositio* strategica, e sulla quale dovremo tornare, Laura offre all'amante «un ramoscel di palma / e un d'alloro», piante entrambe a lui care e vitali nel sistema dei simboli dell'opera.

Nella canzone che apre la seconda parte si parla di «disnore» (264, 22) e di «strada d'onore» (v. 93). Infine nel son. 265 si parla di «onorata spoglia» (v. 4). Pertanto è giustificato dire che il tema dell'onore e dell'onesto funge da ponte legando le due parti. Nel *Canzoniere* non esiste una sequenza simile, e, considerata la sua posizione, non sarà priva di un significato il quale potrà essere chiarito solo quando il significato di onore e di onestade sarà a sua volta chiarito. Quel che sembra ovvio fin da ora è che le accezioni moderne non sono sufficienti a chiarirlo: «onesto», col senso di «conforme alle leggi», «di buoni costumi», di «casto» (specialmente applicato alle donne), di «corretto negli affari» sono senz'altro sinonimi inadeguati a tal fine. Certamente nel *Canzoniere* si trovano anche occorrenze con significato moderno, ma qui interessa vedere che ne esistano varie altre che ne sono prive. Ad esempio, come potremmo glossare «i dolci passi honestamente move» (son. 165, 2), o «dodici donne honestamente lasse» (son. 225, 1) basandoci su sinonimi moderni? La questione spinge a una ricerca, e possiamo avviarla con un prelievo generale che abbracci i lemmi legati al ceppo semico dell'onore sparsi in tutto il *Canzoniere*; in tal modo avremo anche un'idea della loro frequenza.

Stando alla *Concordanza delle rime di Francesco Petrarca* (Oxford, 1912) compilata da Kenneth McKenzie, le occorrenze nel *Canzoniere* sono le seguenti:

a) «onestà»: 3 casi di cui 1 nella prima parte (261: quindi nei componimenti che ci interessano) e 2 nella seconda;

b) «onestade»: 2 volte, una volta in ciascuna delle due parti;

c) «onestamente»: 2 volte nella prima parte e 1 nella seconda;

d) «onestate»: 12 volte, 7 nella prima e 5 nella seconda;

e) «onesto» («onesta» «onesti» e «oneste»): 38 volte, 18 nella prima parte e 20 nella seconda;

f) «onorare»: 28 volte, 22 nella prima parte e 6 nella seconda;

g) «onore»: 37 volte, 29 nella prima parte e 8 nella seconda.

La frequenza, tutt'altro che trascurabile, prova l'importanza del concetto o dei concetti. Dalla nostra tavola si evince che il termine «onesto» prevale solo nella seconda parte, mentre tutte le altre forme prevalgono nella prima; «onestate» e «onestade» sono quasi alla pari, e sono senz'altro pari se mettiamo nel conto «onestà» che deve considerarsi la forma tronca di «onestade», usata per ragioni metriche; la parità è tanto più notevole se si tien conto che i componimenti della prima parte sono 263 contro i 103 della seconda. Nel caso di «onore» la predominanza è decisamente nella prima parte, ed essa appare netta anche tenendo conto delle proporzioni ricordate.

Di tutte queste parole quella meno problematica è il verbo «onorare», il cui significato è identico all'attuale «tributare onore» a chi è ritenuto «degno di onori». Lo stesso si può dire di «onore», anche se in alcune occorrenze s'accoppia a «dolce» e altri aggettivi come «sommo», «vero» che sembrano indicare una gradazione che non si dà per le altre parole. Le difficoltà sorgono con «onestade» e con «onesto» perché le accezioni moderne non sono adeguate a spiegarle; e sono i termini che troviamo nel gruppo di poesie a cavallo delle due parti.

Notiamo che «onestade» si associa ora con «cortesia» ora con «bellezza» ora con «dolcezza». Qualche esempio: «ov'alberga honestate e cortesia» (37, 11); «Novo fior d'honestate e di bellezze» (son. 186, 11); «tutti pien d'honestate e di dolcezza» (son. 260, 2); «li occhi pien di letitia et d'onestate» (325, 95); «con somma cortesia somma honestate» (son. 351, 6); «cortesia in bando e honestate in fondo» (338, 5). L'aggettivo «onesto» s'accoppia con frequenza con «dolce», con «cortese» e «bello», e da solo s'unisce a sostantivi come «fuoco», «parole», «membra» e altri, sempre appartenenti al mondo dell'amore, dei sentimenti e del corpo, tutti, possiamo dire, di ascendenza cortese. Non sappiamo se «honestate» in coppia con «cortesia» o «dolcezza» o «leggiadria» costituisca una delle tante dittologie sinonimiche tipiche di Petrarca, o se siano concetti chiaramente distinguibili; in ogni caso anche se lo fossero avremmo indicazioni vaghe e riusciremmo a capire tutt'al più che l'onestade è cortese, è lieta, è bella ... vale a dire tutta una serie di aggettivi difficilissimi da tradurre in concetti. Se consideriamo «honestade» come sinonimo di «cortesia» le difficoltà raddoppiano perché se è problematico definire l'onestà non lo è meno definire la «cortesia». Per fortuna un accoppiamento del genere lo troviamo in Dante, il quale ci offre una base per procedere con la ricerca. Nel *Convivio* leggiamo:

> Cortesia e onestade è tutt'uno: e però ne le corti anticamente le virtudi e li belli costumi s'usavano, sì come oggi s'usa lo contrario, si tolse quello vocabulo da le corti, e fu tanto a dire cortesia quanto uso di corte[3].

La definizione è basata sul principio di identità, pertanto solo conoscendo uno dei termini possiamo arrivare a capire l'altro. Per fortuna Dante stesso ci chiarisce il significato di «onesto» in un altro passo del *Convivio* in cui parla degli Stoici e del fine della morale:

> Furono adunque filosofi molto antichi deli quali primo e principe fu Zenone, che videro e credettero questo fine de la vita umana essere solamente la rigida onestade; cioè rigidamente, senza respetto alcuno, la verità e la giustizia seguire, di nulla mostrare dolore, di nulla mostrare allegrezza, di nulla passione avere sentore. E deffiniro così questo onesto: 'quello che senza utilitade e senza frutto, per sé di ragione è da lodare'[4].

Ora i passi danteschi ci interessano non perché fossero noti a Petrarca, ma perché danno in essenza il significato dell'*honestum* e lo ricollegano alla filosofia della Stoa. Petrarca non aveva bisogno dell'indicazione dantesca per conoscere il

[3] *Convivio*, II,10.
[4] *Ibidem*, IV, 6, 9-10.

significato di onestade o di *honestum* perché il termine risaliva a Cicerone ed era molto diffuso nella cultura del tempo. Questo significato, oggi perduto, corrisponde al «bello che si desidera per se stesso», al bene disinteressato o che si oppone all'utile egoistico. Possiamo dire che è il bello spirituale, il bene più alto rappresentato dall'insieme delle virtù cardinali o civili. Con *honestum* Cicerone traduceva il *to kalòn* o meglio il *kalocagathon*, ossia il bello/bene col quale gli Stoici indicavano la virtù o il sommo bene, il fine dell'attività morale, la causa prima della *vita beata*. Cicerone dedicò l'intero trattato *De officiis* – una delle opere più belle e più influenti che l'antichità ci abbia lasciato – a illustrare cosa sia l'*honestum*, cosa sia l'*utile* e se fra i due principi esista un'incompatibilità insuperabile. Cicerone si attiene alla versione del «sommo bene» data dallo stoicismo medio di Panezio, per cui si allontana dalla «rigida honestade» voluta dagli antichi Stoici legati alla dottrina di Zenone; e fu questa versione a offrire una base all'etica cortese, come abbiamo voluto dimostrare in altra sede[5].

Petrarca vive in quella tradizione e la utilizza con un'impronta di potente originalità. L'onestade di cui parla nei componimenti che fanno da ponte tra le due parti è proprio quella «del bello che si cerca per sé e non come fine ad altro» perché è come se cercasse la virtù che porta alla felicità mentale e spirituale. Laura è la bellezza stessa, insieme fisica e morale, quindi è «onesta», e ha tutte le virtù, poiché l'*honestum* esige che dove c'è una virtù ci siano tutte le altre, anche se Petrarca non esalta la *fortitudo* o la *sapientia* o la *justitia* di Laura, ma solo la sua castità, virtù che appartiene al campo generale della *temperantia*. Gli stilnovisti e la poesia cortese in generale non erano arrivati a tanta altezza di valori nel decantare le donne amate; solo Dante vi era arrivato con la poetica della «loda». Petrarca va oltre il suo predecessore perché in un certo qual modo slega l'idea di onestade da un contesto tipicamente cortese, e ne restaura il senso ciceroniano facendone un perno della sua vita morale. Sennonché scoprirà col tempo che quel perno morale costituisce un limite che dovrà essere superato a sua volta onde attingere la felicità che quel limite gli preclude.

[5] *L'Onestade e l'onesto raccontare nel «Decameron»*, Fiesole, Cadmo, 2004.

Torniamo dunque ai testi 260-265 che abbiamo trascritto in parte. La loro sequenza costruisce un discorso organico tanto che nel complesso lo si potrebbe definire come «il ciclo della lode». Si apre col sonetto 260 che abbiamo già riportato sopra. I suoi due primi versi:

> In tale stella duo belli occhi vidi,
> tutti pien' d'onestade et di dolcezza,

rendono inevitabile il ricordo degli «occhi» che, cantati in un ciclo di canzoni, avevano inaugurato il passaggio fondamentale dall'amore «petroso» a quello «stilnovistico»; ora quegli stessi occhi rivelano non solo la bellezza dell'anima ma la sua dimensione di vero modello morale. Se prima quegli occhi suscitavano un ardore d'amore raffinatissimo, stilnovistico appunto, ora destano un profondo senso di ammirazione, di un bene contenuto in sé e consustanziato con la dolcezza. L'amante non ne ricava desiderio sensuale, ma soltanto quel «sommo diletto» di natura intellettuale che si prova davanti alla visione del bello. La natura di tale bellezza viene spiegata indirettamente con una serie di paragoni con le eroine del mondo antico, celebrate per la loro pudicizia e castità. Queste iperboli, dunque, fanno capire ormai che il rapporto con Laura non può più contemplare il desiderio erotico: in tal modo l'aseità della sua bellezza si accentua nel momento stesso in cui l'immagine dell'amata si diserotizza. È importante sottolineare che la sua bellezza non suggerisce realtà metafisiche o divine, ma celebra nel suo modo più alto Natura («Questa excellentia è gloria, s'io non erro, / grande a Natura», son. 260, 12-13), ossia il regno della perfezione naturale in cui si realizzano le virtù cardinali.

Il sonetto che segue (261) insiste sul valore di modello rappresentato da Laura: a lei deve ispirarsi ogni donna che aspiri ad acquistare gloria e onore e senno e valore e cortesia, vale a dire ogni donna che miri a realizzare appieno la perfezione cortese dell'onestade. Tuttavia, rispetto al sonetto precedente, esiste qui un accenno al bene divino:

> Come s'acquista honor, come Dio s'ama,
> come è giunta honestà con leggiadria,
> ivi s'impara, et qual è dritta via
> di gir al ciel, che lei aspetta et brama (vv. 5-8);

ma forse non bisogna esagerarne il peso, visto che non sembra avere sviluppi immediati, e visto che in ultima analisi potrebbe essere un residuo di poetica stilnovistica. Ben degna di maggior rilevanza è invece la chiusa:

> l'infinita bellezza ch'altrui abbaglia,
> non vi s'impara: ché quei dolci lumi
> s'acquistan per ventura e non per arte,

perché sottolinea l'unicità e l'irripetibilità della perfezione laurana, ottenuta per un dono di natura e non per «arte».

Segue il sonetto-dialogo che abbiamo esaminato. Qui è Laura stessa a porre l'onesta castità al di sopra della vita. Non si tratta di castità nel senso comune di illibatezza ma nel senso più alto di integrità morale come dominio perfetto delle proprie facoltà e della propria volontà. Tanto per intenderci è la stessa onestade che porta Catone, «il veglio onesto» (*Purgatorio*, II, 118), a salvare la propria libertà morale con il suicidio, cioè con un atto che indica perfezione morale, con quello che gli Stoici chiamavano *catorthoma* o dovere perfetto; ed è la stessa onestade che spiega agli occhi di Laura il suicidio di Lucrezia.

Segue l'inno «Arbor victorïosa triumphale», che chiude la prima parte esaltando

> L'alta beltà ch'al mondo non à pare
> noia t'è, se non quanto il bel thesoro
> di castità par ch'ella adorni et fregi (son. 263, 12-14),

e così anche questa lode si conclude con un'esaltazione della castità di cui la bellezza terrena è un ornamento, una veste fisica e non un principio indispensabile: la bellezza, dunque, s'è interiorizzata in grado mai prima conosciuto.

Questo tema della castità riesce alquanto sorprendente sia per l'insistenza con cui ritorna in questo ciclo, sia perché non vanta precedenti nella poesia romanza. Infatti se scorriamo il *corpus* dei trovatori troviamo a stento qualche attestazione, come quella di Guillaume de Montanhagol, «d'amor mou de chastitatz» (ed. Rickett, XII, 18), spesso riportata dagli studiosi dell'amore cortese perché ne ricavano il rapporto amore/castità, fraintendendone, però, il senso in quanto con molta probabilità il trovatore, parlando del proprio amore maschile, identifica castità con fedeltà. In effetti nella poesia che canta di amori cortesi la castità avrebbe un posto problematico: se le donne amate sono sposate, come spesso accade, la castità non è immaginabile, e se è damigella la castità è presupposta: pertanto non è tema che rientri nel sistema dell'amore cortese.

Ora l'insistenza con cui Petrarca vi torna deve avere un significato, e forse contiene la chiave del «ciclo della lode». La castità o l'onestade di Laura esorcizzano da ora in avanti ogni desiderio erotico da parte dell'amante. Il quale ora capisce d'avere davanti una bellezza da amare per se stessa, e, rinnovato da questa intellezione, sente un grande rammarico per aver capito soltanto tardi questo diletto. Dunque non più desideri sensuali o effati di erotismo frustrato, ma il sommo diletto di aver percepito la gioia del bello e il buono in sé, e di esser capace di fruirlo. Con questo ciclo della lode il poeta porta il proprio amore ad un livello che supera l'amore stilnovistico, dandogli una dimensione intellettuale che quello non aveva. E poiché ciò avviene immediatamente prima della morte dell'amata (non è da escludere il modello della *Vita nuova* in cui Beatrice muore non molto dopo che Dante ha scoperto la poetica della «loda»), si può dire che ancora una volta il protagonista vuole essere completamente responsabile del mutamento che, proprio per questo, diventa una sua conquista morale e gli consente di tenere in vita Laura anche dopo la sua morte, dal momento che è diventata per lui un ideale di bene e di bello dal quale può continuare a trarre ispirazione. Gli ideali sopravvivono alle persone che li incarnano, e questo spiega la tenacia con la quale sopravvivono. Ricordiamo, però, che quell'ideale si realizza nel segno dell'onestade, vale a dire in un regno di valori solamente terreni anche se del livello più alto: verrà, ma non troppo presto e non senza tormenti, un superamento. Per il momento l'ideale raggiunto in questo ciclo è la perfetta integrazione di onestade e castità – sarà detto esplicitamente nel son. 315: «Amor si scontra [intendasi: «si incontra»] con Castitate» – e si realizza quanto prefigurato nel sonetto 228:

> Fama, Honor et Vertute et Leggiadria,
> casta bellezza in habito celeste
> son le radici de la nobil pianta.

> Tal la mi trovo al petto, ove ch'i' sia,
> felice incarco; et con preghiere honeste
> l'adoro e 'nchino come cosa santa (son. 228, 9-12).

Come reagisce l'amante ora che vede «l'arbor victorïosa» nella perfezione del suo essere, non passibile di contaminazioni? La reazione non potrebbe essere più drammatica perché a quella nota trionfale che suggella la prima parte del *Canzoniere* fa riscontro il tono di sconfitta che segna l'apertura della seconda. La canzone 264, «I' vo pensando e nel penser m'assale», funge ancora una volta da epilogo-prologo con una scoperta simmetria riguardo al sonetto proemiale. Tanto stretta è la simmetria che vi figura perfino il tema della vergogna (vv. 87 e 123), e del pentimento. Sennonché siamo a metà strada, e i motivi della vergogna e del pentimento sono ben diversi.

Il consueto procedimento meditativo rende trasparenti i motivi della ricerca e del disagio:

> L'un penser parla co la mente, et dice:
> – Che pur agogni? onde soccorso attendi?
> Misera, non intendi
> con quanto tuo disnore il tempo passa? (264, 19-22)

Ecco, dunque, il senso del tempo sprecato con la perdita dell'«onore». La consapevolezza di questo fallimento coordina le forze per porvi un rimedio trovando una nuova strada da percorrere, un altro modo di amare:

> Quel ch'io fo' veggio, et non m'inganna il vero
> mal conosciuto, anzi mi sforza Amore,
> che la strada d'onore
> mai nol lassa seguir, chi troppo il crede;
> et sento ad ora ad or venirmi al core
> un leggiadro disdegno aspro et severo
> ch'ogni occulto pensero
> ira in mezzo la fronte, ov'altri 'l vede:
> ché mortal cosa amar con tanta fede
> quanta a Dio sol per debito convensi,
> più si disdice a chi più pregio brama.
> Et a questo ad alta voce ancho richiama
> la ragione sviata dietro ai sensi;
> ma perch'ell'oda, et pensi
> tornare, il mal costume oltra la spigne,
> et agli occhi depigne

quella che sol per farmi morir nacque,
perch'a me troppo, et a se stessa, piacque (vv. 91-108).

Il modello dell'onestade rappresentato da Laura è già operante, e l'amante intravede la strada da percorrere: sarà quella che porta all'*honestum*, strada che ha perso per colpa di Amore il quale gli ha fatto perdere «la strada d'onore», avendolo sforzato ad amare intensamente e «con i sensi» una creatura mortale. Questo tipo di amore non si conviene a uomo che desidera «pregio», vale a dire quel *pretz* provenzale sinonimo di onore e onorabilità. La perdita è motivo di pentimento, e con esso nasce il proposito di vivere secondo virtù, cioè secondo i dettami della ragione.

Non è facile vivere secondo quelle regole, ma è l'unica condizione per poter morire in modo onorevole, come si dice nel sonetto 265:

Aspro core et selvaggio, et cruda voglia
in dolce, humile, angelica figura,
se l'impreso rigor gran tempo dura,
avran di me poco onorata spoglia (vv. 1-4).

Con questo presagio di morte «onorata» si chiude il ciclo che abbiamo chiamato «della lode» e che potremmo chiamare anche «dell'onore» in quanto oggetto primo della lode e meta delle aspirazioni dell'amante. Non sarà priva di significato la corrispondenza fra l'idea di «onorata spoglia» e «la partita onesta» ricordata nel penultimo sonetto: corrispondenza che, grazie alle differenze, dà un'idea della dinamica del «racconto» del *Canzoniere* e del mutar d'animo del protagonista principale. Del resto il linguaggio dell'onore o dell'*honestum* è presente in tutta l'opera, a partire dal terzo sonetto – in cui il poeta dice che non tornò «ad onore» di Laura l'averlo colpito proditoriamente con la freccia d'amore – fino all'ultima canzone in cui l'amante chiede alla Vergine che ponga fine al suo dolore perché ciò sarebbe per lui salvezza e per lei onore (v. 104); ed è anche possibile dimostrare che nella parte in vita prevale la situazione in cui il poeta onora Laura, e nella seconda prevale la forma «onorata» perché ormai l'amata è oggettivamente degna d'onore. Tale presenza e mutamenti non stupiscono perché tutto l'impianto morale del *Canzoniere* cadrebbe se non facesse perno sulla nozione di virtù. Ma, come vedremo, quel tipo di virtù legata all'onesto costituisce anche il suo problema e l'ostacolo maggiore alla sua chiusura.

Stabilito che la strada da prendere sia quella dell'onestade, non rimane che imboccarla. Ed ecco un evento che sembra appianarla: il sonetto che segue il ciclo della lode e dell'onore annuncia la morte di Laura. L'evento cruciale, per quanto dolorosissimo, sembra voluto dalla provvidenza per agevolare quel percorso perché con la morte dell'amata dovrebbe spegnersi il desiderio sensuale, e più facile diventare il compito della ragione nel dominare i sensi. Quel controllo, si ricordi, è l'ideale del saggio stoico.

Eppure le cose prendono un corso diverso e tutt'altro che sereno. La scomparsa fisica di Laura non cancella l'ideale del bello e dell'onestade e del vero che l'amante era pervenuto a incarnare in lei; del resto non potrebbe farlo dal momento che le perfezioni non ammettono alterazione. Però le cose non sono così semplici perché quell'ideale ha il nome «Laura» che non è alienabile: Laura, infatti, è anche l'«arbor victorïosa», ossia un simbolo che in virtù della sua natura tende a identificare il segno con l'oggetto che rappresenta. La morte, però, distrugge il simbolo o per lo meno lo vuota o meglio ancora ne rompe l'identità di segno e referente, e ciò opera un mutamento fondamentale nel modo in cui l'amante la ama. Laura diventa memoria, e ritrovata così nel passato riappare nella sua integralità ideale di bene e di bello. La memoria trasforma Laura in una fonte di «felicità perduta», e il tema ritorna con frequenza, fino al punto da indicare nelle pene d'amore del passato la propria felicità:

> Anchor io il nido di penseri electi
> posi in quell'alma pianta; et 'n foco e 'n gielo
> tremando, ardendo, assai felice fui (337, 9-11).

Laura nel ricordo perde tutti gli aspetti di donna che si nega, cessa di essere un'avversaria per diventare esclusivamente quella bellezza e bontà che il tempo gli ha rubato. Tutta la seconda parte del *Canzoniere* conosce una Laura amata con nostalgia, come modello remoto e rievocato di bene; da ciò nascono i toni più intensamente elegiaci dell'opera, e la perdita recuperata nel ricordo produce una dolcezza che consola. La felicità, insomma, esisteva prima della morte, e ne era causa una donna assurta a valore di simbolo nella mente dell'amante. Questa è una delle ragioni per cui la morte non cancella l'amore ma l'intensifica mutandolo. Del resto perché cancellarlo? Un amore siffatto è quanto di più alto la mente di un amante possa concepire: è puro perché è libero da eros; è autentico perché è onesto e non chiede di essere ricambiato in quanto è pago di se stesso; è gloria di chi lo sente perché quell'amore fa tutt'uno con l'amore per la gloria e per la fama, cioè per i beni più alti ai quali l'uomo possa aspirare. Perché, dunque, rinunciare a questo amore? In che cosa si pecca perseguendolo? Anzi, non sarebbe un peccato abbandonare un ideale costruito con tutta una vita di «perfezionamento» morale, con una serie di studi? Non è forse vero che l'*honestum* sia il bene più alto che l'uomo possa conseguire, come insegnava il maestro Cicerone? Non sarebbe come rinunciare a se stessi? E non è vero che l'amante raggiunse il grado massimo di felicità nel momento in cui riuscì ad identificare l'amata con l'*honestum*?

> Tutta la mia fiorita et verde etade
> passava, e 'ntepidir sentia già 'l foco
> ch'arse il mio core, et era giunto al loco
> ove scende la vita ch'al fin cade.
>
> Già incominciava a prender securtade
> la mia cara nemica a poco a poco
> de' suoi sospetti, et rivolgeva in gioco
> mie pene acerbe sua dolce honestade.
>
> Presso era il tempo dove amor si scontra
> con Castitate, et agli amanti è dato
> sedersi inseme, et dir che lor incontra.
>
> Morte ebbe invidia al mio felice stato,
> anzi a la speme, et feglisi a l'incontra
> a mezza via come nemico armato (son. 315).

Ma ecco altre complicazioni. Se nella parte in vita Laura si negava all'attenzione del poeta, ora gli diventa amica e acquista un ruolo che sembrerebbe andare contro il ricordo di lei. La morte ha trasformato la *filesis* in *filia*, e Laura appare all'amante in visione per ricordargli che sbaglia nel porre la propria felicità in un ricordo, in un'immagine che appartiene al passato e che lo aliena ulteriormente da se stesso. Laura stessa si sforza di decostruire l'ideale del quale l'amante si nutre. È una delle situazioni più singolari della poesia di tutti i tempi: l'amata idealizzata che dal Paradiso visita l'amante in sogno e cerca di persuaderlo a dimenticarla e a puntare gli occhi più in alto, in un ideale più alto, in un bene che è realmente il Sommo Bene: il mutamento gli porterà la vera felicità che consiste nell'integrità del suo essere, ossia nell'unione di potere e volontà. Nello stato attuale ogni sua speranza d'amore è realmente «vana», anzi tanto perversa da guardare al passato anziché al futuro, come sarebbe proprio di ogni speranza, da nutrirsi di rimpianti, da desiderare qualcosa che il tempo ha irreparabilmente cancellato, da voler far rivivere una felicità che in effetti non c'è mai stata.

Il tema della felicità si intensifica in questa seconda parte, e si presenta quasi sempre come attributo di Laura. Qualche citazione:

> O miracol gentile, o felice alma,
> o beltà senza exempio altera et rara,
> che tosto è ritornata ond'ella uscìo (son. 295, 9-11);

oppure:

> O del dolce mio mal prima radice,
> ov'è il bel viso onde quel lume venne
> che vivo e lieto ardendo mi mantenne?
> Sol' eri in terra; or se' nel ciel felice (son. 321, 5-8);

oppure:

> Spirto felice che sì dolcemente
> volgei quelli occhi, più chiari che 'l sole (son. 352, 1-2);

o ancora, nell'ultima apparizione in sogno quando Laura, «arbor victorïosa», offre «un ramoscel di palma / et un di lauro» (359, 6-7) in posizione immediatamente anteriore al ciclo del pentimento finale, leggiamo:

> dico: «Onde vien' tu ora, o felice alma?» (359, 5);

e non c'è dubbio che in tutte queste attestazioni la felicità sia frutto della «beatitudine» celeste. Uno spicilegio complementare si potrebbe fare con la parola «pace», sinonimo di felicità e antonimo di «guerra» e di «affanno».

Di fronte alla felicità di Laura risalta l'infelicità dell'amante. Nessuna guerra, nessuna speranza o illusione di vittoria, nessuna idea di come uscire da uno stato di depressione (non spaventi il termine moderno, ma è comunque una forma di *aegritudo*), di fronte al quale il poeta non concerta più alcuna forma di resistenza, anzi nei momenti più disperati sembra accasciarsi in una profonda apatia e malinconia come se avesse pietà di se stesso. Solo le lacrime sembrano consolarlo. E ancora di più se le versa sul grembo di Laura che gli appare in sogno e continua a esortarlo a rivolgere la propria anima verso la beatitudine eterna di cui lei ormai usufruisce.

La felicità non è il semplice diletto né il benessere temporaneo, ma è il fine della vita stessa, secondo la legge ribadita da molti filosofi, secondo i quali ogni essere umano tende alla propria felicità, che, nella definizione «intellettualistica» più semplice e diffusa, è la conoscenza della verità, come dice sinteticamente sant'Agostino: «beata quippe vitam est gaudium de veritate» (*Confessiones*, X, 23, 33: «Invero la vita beata è la gioia della conoscenza della verità»). Parliamo, dunque, di un valore di suprema rilevanza esistenziale. E da ciò che abbiamo visto risulta che l'*honestum* non sia in grado di assicurare all'amante tale felicità. La cultura degli antichi aveva posto nell'*honestum* il sommo bene, e da Cicerone e da Seneca il nostro autore apprendeva che il vivere nell'onestade equivale a vivere una vita beata. Ma il cristiano conosce un'altra vita beata che non è di questo mondo. L'*honestum* rappresenta un tetto che bisogna sfondare per poter attingere la beatitudine eterna. E ciò avviene perché l'*honestum* è sottoposto all'usura del tempo, e i valori che raggiunge non hanno la permanenza delle cose perfette, e l'amore e le felicità terrene sono labili. In tale contesto si capisce perché il senso del tempo e della morte acquisti una rilevanza straordinaria nella seconda parte del *Canzoniere*, e costituisca una delle lime che corrodono sottilmente ma inesorabilmente i valori invocati dall'amante per proteggere la propria felicità. L'inquietudine che pervade questa seconda parte deve moltissimo alla sensazione che il tempo allunghi la lista dei ricordi e accorci le scadenze che la speranza deve imporsi; e i ricordi risuscitano eventi passati e quindi non più reali, e le speranze nella vita eterna diventano più problematiche perché lasciano il campo del conosciuto o del mondo terreno per abbracciare oggetti in contesti non familiari. L'*honestum* e ciò che esso rappresenta non costituisce un peccato in sé – a un buon cristiano non si richiede di rinunciare alla gloria terrena e allo studio dei classici, e neppure agli amori terreni – ma esige che lo si ponga nella prospettiva giusta. In tale prospettiva l'onore e i beni terreni non devono considerarsi fini a se stessi, bensì mezzi (quindi «utili») per procedere oltre in una vita motivata dalla *caritas*, dall'amore di Dio. Si ricorderà infatti che sant'Agostino aveva sostituito la diade classica *honestum-utile* con quella di *frui-uti*[6], sostenendo che ci sono beni da godere o da fruire con l'anima, e beni da usare (e sono quelli dati dalla Provvidenza all'uomo); pertanto le cosiddette virtù cardinali appartengono al regno dello *uti* e guidano gli uomini a costruire le loro famiglie e le loro città e a ricercare ciò che è onorabile, mentre la fruizione è legata soltanto alla gloria di Dio, e la sola vera virtù cristiana è la *caritas*, ossia l'amore di Dio, e da essa vengono i beni che ci guidano alla beatitudine eterna. L'*honestum*, insomma, costituisce il fine della morale stoica antica, mentre il cristiano pone quel fine nel raggiungimento della vita beata presso Dio, nella conoscenza del Bene assoluto. A questo scopo Dio infonde in noi le virtù teologali, le quali mirano al bene più alto; di conseguenza il bene inteso dalle virtù cardinali perde l'altezza attribuitagli dalle filosofie antiche, senza per questo perdere la sua necessità. Il rapporto fra i due sistemi di virtù non va visto come di un superiore che annulla quello inferiore, ma come un rapporto di complementarità che riflette la complessità della natura umana.

Ma perché le virtù infuse siano operanti è necessario che il cristiano le cerchi; e la ricerca può essere molto difficile, benché esse siano già in lui. La loro «infusione» è data con la vita, ma la loro operatività non è automatica, e presuppone una specie di conquista, di un modo di vedere e di conoscere e di sentire diverso da quello di chi vive secondo natura. È un

[6] Si veda *De doctrina christiana*, I, 4; e cfr. anche *De diversis quaestionibus*, LXXXIII.

salto di qualità che, in termini agostiniani, può essere definito come un passaggio dalla *scientia* alla *sapientia*. Esso avviene per illuminazione divina grazie alla quale la Fede, la Speranza e la Carità vengono possedute come forze spirituali anche da quelli che le conoscevano solo razionalmente. Come avvenga tale illuminazione rimane un processo misterioso, ma si sa che la ricerca finisce per produrla, e così accade spesso che i filosofi, ricercatori del vero per professione, finiscano per arrivare alla suprema Verità, e allora abbraccino la teologia. È un problema trattato con grande frequenza per cui non importa documentarlo; conta invece insistere sul fatto che Petrarca ne sia ben consapevole, come abbiamo già visto, e come ci conferma ulteriormente il seguente passo dal *De remediis*:

> Neque tamen initiatum esse sufficit; maius est forte quam putas, devoto licet animo dulce negotium. Non enim Deum nosse satis est, quod et demones faciunt qui oderunt; amor et cultus exigitur[7];

e continua ricordando il detto di sapore scritturale che «Pietas est sapientia»[8].

L'*honestum* presenta un limite consistente in una sorta di circolo chiuso e vizioso: esso costituisce il fine della morale, ma a stabilirlo è la ragione che poi deve adeguarsi a esso. Ciò crea una specie di narcisismo che coinvolge anche l'amore per una creatura: considerare questa il sommo bene o l'equivalente di esso significa voler unirsi a ciò che la ragione crea. Non è un peccato, ma è una ricerca frustrante e sterile. Il sommo bene che il cristiano deve perseguire è veramente trascendente ed è conosciuto per fede. Volersi unire ad esso è volere la propria felicità, perché il buon cristiano deve cercare di trovare in sé l'immagine di Dio, e così facendo tende a trovare in se stesso l'unità del volere e del potere.

[7] *De remediis utriusque fortune*, I, 13 «De religione», ed. Christophe Carraud, cit., vol. I, p. 66 [«Ma non basta essere degli iniziati: una tale familiarità deve essere ben più forte di quello che tu non pensi, anche se l'anima devota prova un grande diletto. Non è sufficiente conoscere Dio, cosa che fanno anche i demoni benché lo odino: è necessario che vi siano amore e devozione»].

[8] Cfr. *De sui ipsius ignorantia*, II, 24, e i rimandi ai testi scritturali e agostiniani nel commento di Christophe Carraud, cit., n. 112, p. 247.

La frustrazione, l'inquietudine, la profonda tristezza che l'amante sente per la perdita di Laura risale in ultima analisi alla perdita del proprio io, all'incapacità di volere ciò che può e di potere ciò che vuole; anzi, si può precisare che, se questa causa di infelicità diventa molto forte nella seconda parte, essa è già presente nella prima parte e sta alla radice della storia d'amore. Ora che Laura ha lasciato il mondo, il protagonista avverte con crescente consapevolezza che il suo perseguire un ideale di bello e di bene è illusorio e inconclusivo. Non è un vivere nel peccato di un amore sensuale, come spesso si ripete, ma è il vivere sprecando la vita, ossia quel dono del Signore che è dato all'uomo perché costruisca giorno dopo giorno la propria futura vita beata. Il tema del tempo, così vivo nel *Canzoniere*, viene da questa consapevolezza di perdita, da questa sensazione di vuoto che le illusioni riempiono solo temporaneamente. E se gli anniversari sottolineano la durata del tempo passato e vissuto, la sensazione di vuoto crea il senso opposto del poco tempo che rimane da vivere; e da questo il tema della morte e della vecchiaia e, insieme, della frustrazione.

La caduta di stima di se stesso arriva al punto più basso fino a desiderare di non essere mai nato:

> Ma io che debbo altro che pianger sempre,
> misero et sol, che senza te son nulla?
> Ch'or fuss'io spento al latte et a la culla,
> per non provar de l'amorose tempre! (359, 34-37),

o di non aver mai provato le pene d'amore.

I versi appena trascritti appartengono a una canzone che risulta cruciale nella trama del *Canzoniere* sotto vari altri punti di vista: contiene l'ultima apparizione in sogno di Laura, conosce i toni di più dolce intimità e di amicizia – di «grande duetto tra gli amanti» parla Rosanna Bettarini[9] –, promette all'amante la visione della sua bellezza corporea in Paradiso a patto che egli innalzi la mente al cielo, e a quella promessa si aggiunge anche quella di stare uniti nella vita eterna. Per rendere più persuasivo il suo discorso Laura ricorre a figurazioni simbo-

[9] Nel suo commento a Francesco Petrarca, *Canzoniere – Rerum vulgarium fragmenta*, Torino, Einaudi, 2005, 2 vol., II, p. 1564.

liche, cioè al linguaggio dei poeti. Ella trae dal suo petto due ramoscelli, uno di lauro e uno di palma, e l'amante le chiede cosa stiano a significare. Essi significano Laura stessa nella sua nuova realtà. La palma indica la vittoria che lei ha riportato sulle sue passioni, per cui la castità tanto elogiata era un sacrificio del proprio Adamo al Creatore, era quel «vero dolore» che conquista il Paradiso. L'alloro rappresenta il suo trionfo in cielo. Il simbolo dell'«arbor victorïosa» si è ontificato, ha acquistato una realtà ontica che ha trasformato l'*honestum* in un bene eterno grazie al «vero dolore» che ha saputo e voluto affrontare. Il «verbum» è diventato carne, se così è lecito dire, consentendo alla scrittura poetica un prestito del linguaggio scritturale. Ora l'amore del poeta può avere un oggetto permanente senza apparente soluzione di continuità ma con un ovvio salto di qualità. Questo, però, non è ancora avvenuto: egli focalizza il suo sguardo sul corpo dell'amata:

> «Son questi i capei biondi, et l'aureo nodo
> dich'io – ch'ancor mi stringe, et quei belli occhi
> che fur mio sol?» (359, 56-58)

Una filigrana letteraria – di matrice oraziana: «cui flavam religas comam» (*Carm.* I, 5, 4) – tradisce ancora la consuetudine di cantare per figure il suo amore. Ma Laura lo porta su un altro piano: il corpo che lui ha amato non è più in questo mondo; però se l'amante lo vuol vedere deve cercarlo in Paradiso dove è diventata anche più bella e dove la «salute» di entrambi è garantita, e dove per l'amante ancora in vita si àncora la «speranza certa».

Il seme di un amore nuovo, di un desiderio di pace è stato piantato nel profondo dell'anima del vecchio amante, in forma di larva di sogno, e il suo significato sarà chiaro quando nuovi occhi potranno vederlo. Tuttavia il tono di intima amicizia lascia capire che questo è stato il momento della «illuminazione», e se avviene in sogno sarà perché la grazia preferisce operare in silenzio, nel regno dell'intimità, ed è giusto che soltanto i due amanti ne siano testimoni e attori. Nessun intervento magico o meglio nessun miracolo, e neppure nessun intervento della ragione, ma semplicemente lo sbocciare sereno di un essere nuovo da una situazione annosa: segno, dunque, di continuità psicologica i cui mutamenti rimarranno senza un autore definito. Una tradizione antichissima voleva che i sogni all'alba preannuncino verità, e Petrarca sfrutta quel modo poetico di avvolgere il vero in un velo di finzione. E forse è qualcosa di più del rispetto di una tradizione: forse quella finzione gli permette di verificare se la ragione – il giudice della «lite» nella canzone successiva – sia la sola a detenere e a giudicare il vero; e in ogni caso ricorrere al sogno significa attribuire a se stesso la causa di ogni reale mutamento spirituale: dopo tutto il sogno ha due agenti, la persona che sogna e quella che in sogno rivela verità. Per il momento egli non si rende conto che qualcosa di profondo è avvenuto nel suo essere: l'amata realizza in cielo i trionfi che lui le ha tributato, e ora lo chiama a partecipare della letizia di cui adesso gode beata. Ma il suo intelletto è in ritardo rispetto al suo modo di sentire, e per questo si muove a spiegare in termini razionali una situazione di felice intimità che svanisce con il sonno. Il pianto dice un nuovo bisogno, e urgente, di prendere una decisione, di veder chiaro nel suo animo turbato. Il tentativo ha luogo nella canzone successiva che prepara la *mutatio* finale. Come vedremo, il ricorso alla ragione fallisce, perché questa non sa valutare bene i bisogni dell'anima, non conosce il linguaggio reale della felicità e della tristezza. Quel fallimento si rivela provvidenziale perché il bisogno di felicità arriverà a sfondare il tetto dell'*honestum* e rivelare il cielo del vero Sommo Bene il cui fulgore appare sotto luce nuova perché a guardarlo e a volerlo sono un'anima rinata, un nuovo cuore e una nuova mente. Laura usa la lingua della personificazione e del simbolismo, già esperita dal poeta, per poter parlare con lui in modo comprensibile e fargli capire che ella è in parte una sua creatura; e ciò ha una potenza persuasiva impareggiata che renderà più facile per l'ascoltatore la decisione di alzare lo sguardo al cielo per ritrovarla. L'idea di una felicità eterna, e la promessa senza fallacia di «salvare inseme tua salute et mia» (359, 65), è la molla che mobilita la volontà dell'amante e coordina tutto il potere di cui è capace. La donna del suo cuore lo porta sulla via della salvezza senza volersene ascrivere alcun credito, senza enfatizzare la sua presenza: così vuole l'amore privo di egoismi!

V

MEDITAZIONE E TESTIMONIANZA DELLA NATURA

I percorsi finora seguiti conducono tutti ad un rovesciamento in positivo dei valori annunciati come negativi nel sonetto proemiale. Il loro insieme realizza una complessa *mutatio animi* della quale dovremmo occuparci più da vicino per capire in che cosa veramente consista e quale sia la natura di quell'uomo «diverso» preannunciato anch'esso nel prologo e che i vari percorsi compiuti ci hanno rivelato solo in parte. Ma prima di affrontare l'argomento è utile sostare a rivedere il modo in cui vengono compiuti quei percorsi perché ci dirà qualcosa del traguardo al quale essi mirano. Poiché la ricerca perseguita nel *Canzoniere* aspira a conoscere il mondo dell'interiorità o la coscienza, l'autore si mette in viaggio appoggiandosi al modo poetico più idoneo per compiere una missione tanto delicata, e a tal fine privilegia il modo elegiaco, ossia una lirica molto vicina all'esperienza amorosa, ai sentimenti dolorosi di un amore non ricambiato, alla nostalgia di un'integrità spirituale da recuperare, al bisogno di ritrovare se stesso. La scelta ha conseguenze rilevanti perché impone strategie di percorso: non i toni trionfali o allegorici delle psicomachie, ma il tono meditativo di chi fa di se stesso l'oggetto della propria ricerca, e preferisce farlo col massimo riserbo, un po' per pudore e un po' per disdegno, tenendosi lontano dalla vista altrui. Di conseguenza il viaggio viene fatto in solitudine, lontano da un pubblico curioso. Tutti i lettori del *Canzoniere* hanno presente un protagonista intento a camminare per i boschi, a contemplare spettacoli di fonti e fiumi, a osservare i mutamenti delle stagioni, ad ascoltare i canti degli uccelli, ad aspettare lo scendere della notte... un protagonista irrequieto perché l'accompagnano ovunque e lo tormentano la presenza o il ricordo di Laura e le ambizioni di gloria, tanto che neppure gli spettacoli della natura riescono a dargli pace. Ora un viaggiatore solo davanti alla propria anima, attore e insieme spettatore del proprio dramma, sembra destinato a scrivere la sua storia solo per se stesso, in parte per ricordarla e in parte per misurare ogni volta la distanza coperta dal punto di partenza; infatti, nonostante l'apparente immobilità della situazione, la storia conosce un progresso di cui sono segno certo il ricorso degli anniversari e l'affollarsi dei ricordi; e se l'avessimo dimenticato, il sonetto prologo ci lascia capire che la storia arriverà a una conclusione.

Ora, una molla di quella dinamica è il desiderio intenso da parte del protagonista di vivere all'altezza di un proprio ideale incarnato nella figura del saggio stoico, per cui il viaggio racconta come quell'ideale venga messo alla prova dall'amore per una donna, e come quel saggio trova infine la sua unità di spirito e di intelletto nella religione e non nel sapere degli antichi. Una storia di tali ambizioni si prospetta immediatamente come esemplare, cioè deve parlare a quegli uomini dai quali il protagonista ha cercato scampo rifugiandosi nei boschi. Ma una storia senza testimoni perde molto della sua credibilità, anzi, poiché l'*agens* è anche spettatore e giudice di se stesso, si può sospettare che egli manipoli e racconti la storia come meglio gli conviene. Petrarca sembra consapevole di questo rischio anche nei propri riguardi in quanto egli deve raccontare a se stesso la propria storia con il massimo di veridicità; e per questo egli si inventa i testimoni che sono proprio quei boschi e quelle fontane che, silenziose, lo vedono vagare irrequieto. Egli inventa, per così dire, uno spettatore-testimonio al quale ritorna continuamente per depositare davanti a lui la verità del proprio sentire.

Il *Canzoniere* fa uno spazio amplissimo alla natura e le conferisce addirittura un ruolo da personaggio che svolge molte funzioni: in genere sottolinea la bellezza di Laura e fa da confidente di Francesco. È un ruolo importantissimo in quanto registra i dati di quella storia d'amore e favorisce la meditazione con la quale Francesco procede verso il traguardo di conoscere se stesso. Non solo favorisce quella meditazione, ma le imprime anche un carattere di comunicabilità perché, grazie al silenzio con cui ascolta le confessioni dell'amante e si astiene dal giudicarle, le parole di questi non conoscono gli infingimenti o le attenuanti alle quali suole far ricorso chi si confessa anche quando parla a se stesso. La natura – sia essa la vitalità o la misura del tempo segnata dalle stelle e dalle stagioni – e i paesaggi naturali sono ingredienti che ricorrono nella poesia lirica (anche in quella dei trovatori) e normalmente ne costituiscono un tema; nel *Canzoniere*, invece, acquistano un ruolo da personaggio che si muove insieme alla storia che vi si racconta, e ci aiuta a capire uno dei modi più significativi attraverso i quali si realizzano i percorsi fino ad ora seguiti. Per dare credibilità di personaggio alla natura Petrarca le dà un'anima e una vitalità. In questo egli si rifaceva alla nozione neoplatonica e chartriana della natura, e si avvaleva di nozioni ricavate da *auctores* antichi per poter affermare che la natura «sente» e conosce la forza della «simpatia» e della «antipatia» fra le cose[1]. È un'idea presente già nel terzo sonetto, quello stesso che racconta dell'innamoramento. In esso si dice che

> Era il giorno ch'al sol si scoloraro
> per la pietà del suo fattore i rai,

dove lo scolorarsi del sole è visto come un segno di partecipazione al dolore della passione di Cristo; e che non si tratti di un semplice tropo poetico è provato dalle testimonianze evangeliche che riferiscono lo stesso evento cosmico.

Ma prima di toccare il tema della «simpatia», è utile ricordare un'idea generale che Petrarca ricava dai suoi *auctores* e che ha modo di esperimentare: secondo questa idea, il contatto con la natura e il fatto che possa isolarci dal resto del mondo crea una situazione fra le più adatte per la meditazione e per ascoltare l'ispirazione poetica. Petrarca ne parla in un brano del *De vita solitaria* in cui esalta il conforto e l'ispirazione che possono venire da un bel paesaggio, raccolto e silenzioso:

10. Nempe supra humanum modum rapiantur oportet, si supra hominem loqui volunt: id sane locis apertissimis expeditius fieri interdum et alacrius animadverti. Unde sepe montanum carmen, quasi edum e

[1] Per questa nozione, e anche per la posizione che Petrarca assume rispetto alla tradizione trobadorica e stilnovistica per quanto riguarda il tema della natura, rimando al mio *La simpatia della natura nel* Canzoniere *petrarchesco*, in «Cultura Neolatina», 63 (2003), pp. 83-113, articolo dal quale riprendo qui alcuni paragrafi.

toto grege letissimum atque lectissimum vidi, et nitore insito admonitus originis dixi mecum: «Gramen Alpinum sapis, ex alto venis».

11. Equidem, ut huic tandem articulo finem faciam, et Marcus Tullius et Virgilius Maro, quos eloquentie principes Latine nemo eloquens negabit, huic consilio herebant: dum alter cum sepe alias, tum presertim ad tractatum legum civilium accessurus frondosas quercus et delectabiles secessus quodque ibi scriptum memini, ripam et umbram et procerissimas populos et concentum avium et strepitum fluviorum atque equas in partes scissi amnis in medio insulam parvam et huic nostre simillimam quereret; alter autem suum Alexim, quisquis is est, pastorio carmine laudaturus,

inter densas umbrosa cacumina fagos

assidue veniens, solus in montibus et silvis id faceret: Platonem secuti ambo, qui inter otiosa cupresseta et spatia silvestria de institutis rerum publicarum deque optimis legibus disputarat. Nota nimirum et vulgata commemoro.

12. Multum tempore posterior Ciprianus, fide autem prior et martyrio clarus nec obscurus eloquio, tale quiddam et sensisse videtur et scripsisse; quod unum ex multis ingens mirator eius Augustinus in libris suis, quasi illius ingenii experimentum et eloquentie gustum, ponit, que in eo quanta esse potuerit, nisi gravitati rerum deditus verborum neglexisset ornatum, loci illius commemoratione notum nobis esse voluit. Ubi, ingenium exercens, non ait «Hunc thalamum, loco abditum, cinctum muris, communitum seris, marmorea opacum celatumque testudine», aut tale aliquid, sed quid? – «Petamus» inquit «hanc sedem. Dant secessum vicina secreta, ubi dum erratici palmitum lapsus pendulis nexibus per arundines baiulas repunt, viteam porticum frondea tecta fecerunt» –. Ecce quam porticum et quam sedem vir sanctus et eloquens appetebat: vites, palmites, frondes, arundines, et inter hec studiosis semper amabile secretum, quod utique non optaret, si preter muros ac tectum nullis bene secessibus ingenium crederetur[2].

[2] *De vita solitaria*, I, 7, 10-12, ed. Christophe Carraud, Grenoble, Millon, 1999, pp. 126-130: «In effetti bisogna essere rapiti al di sopra della misura umana se si vuol parlare in una lingua che sorpassi l'uomo: ho constatato che ciò si può fare talvolta con maggior agio e più speditamente in luoghi molto aperti. Onde spesso ho visto un carme montano come un capretto il più lieto e il più distinto di tutto il gregge, e scosso dall'intrinseco splendore della sua origine, mi son detto: "Hai il sapore d'un'erba alpina, e vieni dalle alture". 11. Invero, prima di por fine a questo discorso, [dirò che] Cicerone e Virgilio, ai quali nessun uomo di lettere negherà il primato in quelle latine, si attenevano a questo consiglio: il primo, in numerose occasioni ma soprattutto durante la stesura del suo trattato sulle leggi civili, ricercava le querce frondose e i luoghi deliziosi, "le rive e l'ombre" (così mi pare di ricordare d'aver letto in un suo

Il passo è notevole perché fa della natura una causa indiretta dell'ispirazione poetica e della speculazione filosofica, creando un ambiente che favorisce una concentrazione assoluta e necessaria per la creatività dello spirito e dell'intelletto. La contemplazione fatta nel mezzo della natura non indugia sugli infiniti particolari dei suoi spettacoli perché ciò causerebbe distrazione, ma coglie l'insieme del paesaggio come una composizione armonica, come un sottofondo di bellezza indefinita che permea l'anima e produce una sintonia. È importante notare come Petrarca sottolinei l'ascendenza letteraria di questa idea, da Virgilio a Quintiliano e a Cipriano, quasi a dire che l'esperienza appena narrata trova conferma in autori da lui ammirati. È anche importante notare che l'idea contenuta nel passo del *De vita solitaria* viene ripresa ben presto nel *Canzoniere*, nel sonetto 10, offrendo quasi una considerazione metapoetica:

> qui non palazzi, non theatro o loggia,
> ma 'n lor vece un abete, un faggio, un pino
> tra l'erba verde e 'l bel monte vicino,
> onde si scende poetando et poggia

scritto), e i pioppi altissimi, i concerti degli uccelli, lo scroscio dei fiumi divisi in parti uguali da una piccola isola, simile a questa nostra; il secondo, quando voleva scrivere un poema pastorale in lode del suo caro Alessi – chiunque questi fosse – si recava sempre "tra i densi faggeti dalle cime ombrose", tutto solo fra le montagne e i boschi; entrambi seguivano Platone, il quale sceglieva la calma d'una foresta di cipressi per discutere dell'organizzazione dello stato e delle leggi migliori. Sto menzionando cose fin troppo note. 12. Cipriano – molto più tardi nel tempo ma molto più avanti nella fede, e il cui martirio non riluce meno della sua eloquenza – pare che abbia avuto sentimenti simili e l'abbia scritto; e Agostino, un suo grande ammiratore fra i tanti, lo riporta in alcuni suoi scritti, fra varie altre cose, come prova dell'ingegno e del gusto dell'eloquenza di quello; e citando questo passo, ha inteso farci conoscere quanto avrebbe potuto apprendere dalla ricchezza di Cipriano se questi non avesse trascurato l'ornato delle parole per dedicarsi alla gravità delle cose. Laddove, esercitando il proprio ingegno, non dice [a proposito del luogo]: "Questa camera in un luogo nascosto, chiusa da muri, difesa da serrature, resa oscura dai marmi e nascosta come nel guscio di una testuggine...", no, niente del genere; e che dice allora? ecco: "Cerchiamolo questo luogo. Offrono rifugio i luoghi vicini e appartati, dove, mentre palme sparse lasciano pendere intrecci di canne, pergolati di vite creano un portico". Ecco quale luogo e quale portico quel santo ed eloquente uomo cercava: viti, palme, fronde, canne, e fra di essi questo luogo sempre grato agli uomini dediti allo studio, rifugio che essi non avrebbero mai cercato se un tetto e dei muri fossero stati sufficienti per il rifugio del loro spirito».

levan di terra al ciel nostr'intellecto;
e 'l rosignol che dolcemente all'ombra
tutte le notti si lamenta e piagne,

d'amorosi penseri il cor ne 'ngombra (son. 10, 5-12).

Petrarca cerca la solitudine dei campi e dei boschi per fuggire «gli occhi intenti» della gente curiosa, e diventa un assiduo frequentatore di prati e valli, boschi e specchi d'acqua. L'ambiente naturale gli risulta più consono della cameretta o della cella del convento, perché, a differenza del monaco, non intende compiere un «itinerarium in mentem Dei», bensì nel profondo del suo più intimo essere. È un cammino difficile perché attraversa continuamente zone in cui trova, anzi cerca, la persona che gli impedisce di trovare se stesso. La storia di chi cerca se stesso e nello stesso tempo si fugge, che spera intensamente di «incontrare» l'amata frequentando i luoghi da lei frequentati, un protagonista che vive di memorie e che ha bisogno di punti di riferimento fissi o almeno costanti per poter ricostruire i suoi percorsi psicologici, un protagonista che intende, anzi deve, scrivere la propria storia per fini esemplari, è un protagonista che evita di esibire in pubblico il lavorio della ricerca, ed è pur un protagonista che ha bisogno di una *audience* particolare, di testimoni che registrino con scrupolosità massima pene e gioie, propositi e disperazioni, e gli restituiscano con altrettanta integrità ciò che egli ha voluto depositare nei loro registri. Testimoni di qualità tanto particolari possono essere soltanto gli alberi e i prati, fidi e costanti, attenti e silenziosi. Sono testimoni preziosi che paradossalmente rendono «pubblica» la storia solitaria dell'amante, e che nello stesso tempo la nascondono e la proteggono, testimoni che si limitano soltanto a guardare e ad ascoltare senza permettersi di giudicare. Davanti a essi il protagonista diventa il personaggio di un dramma in cui può riconoscere se stesso, e quindi vedersi e giudicarsi. La loro presenza impone, o forse meglio consente, a quel personaggio di essere «sincero», di oggettivarsi, di manifestare tutto il suo essere. E perché la loro funzione attinga la massima efficienza essi devono tacere, dando al protagonista tutto l'agio di procedere a conoscersi, a scrutarsi senza quel pudore che esiste anche tra gli amici più intimi, a scoprirsi e a giudicarsi senza interferenze di estranei. È una strategia che realizza una meravigliosa «retorica dell'interiorità», quel lento dialogare con se stesso davanti a testimoni muti, e che altrettanto lentamente opera quella persuasione intima indispensabile per far muover la storia verso un traguardo liberatorio. Il protagonista parla ad esseri che hanno solo occhi e orecchie, vale a dire i sensi indispensabili per poter fungere da testimoni, ma in realtà parla a se stesso. In questa retorica la natura assume il ruolo di un terzo protagonista insieme al poeta e a Laura, un ruolo vario come si conviene a tutti i protagonisti aventi una vera vita. Il tutto è detto con lucidità estrema nel celebre sonetto 35:

> Solo et pensoso i più deserti campi
> vo mesurando a passi tardi et lenti
> [...]
> sì ch'io mi credo omai che monti et piagge,
> et fiumi et selve sappian di che tempre
> sia la mia vita, ch'è celata altrui.

Un personaggio che opera con gli altri due svolge una funzione che non è identica in entrambi i casi. Vediamo prima come si comporta con Laura. Nel suo caso la natura svolge un ruolo attivo facendola venire al mondo in un luogo umile, secondo quanto attesta il quarto sonetto:

> ed or di picciol borgo un sol n'à dato,
> tal che natura e 'l luogo si ringratia
> onde sì bella donna al mondo nacque (son. 4, 12-14).

L'affermazione contiene un messaggio «cristologico», quindi potenzialmente salvifico, ma l'amante, a questo punto della storia, è incapace di recepirlo. Contiene anche due nozioni importanti: che Laura sia «terra», e che sia di natali umili. L'amante non sembra far caso alla sua natura terrestre, che lo condanna all'implacabile corrosione del tempo e alla morte. Forse è più attento all'umiltà dei suoi natali, perché la sua nobiltà dipenderà dalla virtù e non dalla casata. In tal modo Laura è già presentata come «umile e alta più che creatura», quindi molto diversa dalle donne dei trovatori, sempre nobili per alti natali, e diversa anche dalla «donna angelo» stilnovistica di cui si tacciono sempre le origini. Natura ha voluto che

Laura fosse una *summa simplicitas*, donna da amare ma anche da seguire sulla via di quella *summa simplicitas* che è Dio: il dilemma dell'amante sarà quale delle due indicazioni seguire. Natura, insomma, ha operato provvidenzialmente, quindi con un'intelligenza che l'autorizza a seguire e a intervenire nella storia d'amore che sta per nascere.

La natura rivela la propria anima o vitalità nel seguente paragone con Laura:

> Quando 'l pianeta che distingue l'ore
> ad albergar col Tauro si ritorna,
> cade virtù da l'infiammate corna
> che veste il mondo di novel colore;
>
> et non pur quel che s'apre a noi di fore,
> le rive e i colli, di fioretti adorna,
> ma dentro dove già mai non s'aggiorna
> gravido fa di sé il terrestro humore,
>
> onde tal fructo et simile si colga:
> così costei, ch'è tra le donne un sole,
> in me movendo de' begli occhi i rai
>
> crïa d'amor penseri, atti e parole;
> ma come ch'ella gli governi o volga,
> primavera per me pur non è mai (son. 9).

Il sonetto conferma che Laura ha una funzione analoga a quella del sole; purtroppo la luce dei suoi occhi non crea la primavera nel cuore dell'amante. Tale conclusione rivela in filigrana quell'insegnamento trobadorico di stabilire analogie tra lo spettacolo esterno e il mondo dei sentimenti del poeta, ma è un tema sul quale non possiamo soffermarci anche se sarebbe importante per valutare un altro dei tanti aspetti in cui fu notevole l'innovazione petrarchesca.

La storia d'amore narrata nel *Canzoniere* conosce varie fasi, e la natura sottolinea questa differenza, mostrandosi indifferente ai dolori dell'amante nella fase «petrosa» e poco sensibile alla bellezza di Laura, mentre nella fase stilnovistica si prodiga in cure per adornare la bellezza di Laura, e vibra di simpatia ai lamenti dell'amante.

In questa seconda fase s'instaura una specie di simbiosi tra Laura e la natura, e lo scambio di vitalità è reciproco.

L'immagine di Laura che fa respirare o vivere la natura è una delle più frequenti del *Canzoniere*, e ha il suo vertice nella canzone 126, la celeberrima «Chiare fresche e dolci acque», dove la sacralità della natura attinge una trasparenza e una potenza mitica, dove riesce difficile distinguere il divino dal naturale perché si rimane incerti se assistiamo a un'epifania del divino o a una divinizzazione della natura, con una Laura che ha qualcosa della Matelda dantesca e dell'Afrodite antica, e crea una panicità che è il tripudio della natura.

Per lo più nelle descrizioni di Laura calata nella natura hanno un ruolo prediletto i capelli che danno respiro all'aria: sembra un paradosso, ma vuol dire che l'elemento che ci fa respirare respira esso stesso, acquistando vita dai capelli di Laura – si veda soltanto la prima quartina del sonetto 227:

> Aura che quelle chiome bionde et crespe
> circondi et movi, et se' mossa da loro,
> soavemente, et spargi quel dolce oro,
> et poi 'l raccogli, e 'n bei nodi il rincrespe.

Un'altra parte privilegiata del suo corpo sono i piedi scalzi che toccano l'erba, e l'erba desidera d'essere calpestata da essi:

> Lieti fiori et felici, et ben nate erbe
> che madonna pensando premer sòle;
> piaggia ch'ascolti sue dolci parole,
> et del bel piede alcun vestigio serbe;
>
> schietti arboscelli et verdi fronde acerbe,
> amorosette et pallide viole;
> ombrose selve, ove percote il sole
> che vi fa coi suoi raggi alte et superbe;
>
> o soave contrada, o puro fiume
> che bagni il suo bel viso et gli occhi chiari
> et prendi qualità dal vivo lume;
>
> quanto v'invidio gli atti onesti e cari! (son. 162)

sonetto al quale si potrebbe affiancare il numero 165.

Affine a questa è l'immagine di Laura seduta su un prato in una natura che vibra alla sua presenza. Pastorella, Matelda e angelo insieme, Laura ha i caratteri di una creatura ctonia pur con tratti paradisiaci. In lei la natura ha posto il suo meglio:

> Le stelle, il cielo, et gli elementi a prova
> tutte lor arti, et ogni extrema cura
> poser nel vivo lume, in cui Natura
> si specchia (son. 154, 1-4);

oppure

> In qual parte del ciel, in quale ydea
> era l'exempio, onde Natura tolse
> quel bel viso leggiadro... (son. 159, 1-3),

e la terra la reclama dopo la morte accogliendone, anzi «abbracciandone», il corpo nel suo grembo:

> Quanta invidia io ti porto, avara terra,
> ch'abbracci quella cui veder m'è tolto (son. 300, 1-2).

I moltissimi esempi che potremmo addurre confermano tutti che la simpatia tra Laura e la natura ha sempre questo felice risultato. In casi del genere – e sono gran parte – paesaggio vuol dire Laura, e Laura vuol dire paesaggio, ed entrambi costituiscono un motivo per meditare e per prendere coscienza dell'amore che tormenta ed estasia l'amante.

La natura celebra Laura, l'accoglie con il meglio della sua luce, dei suoi fiori, dei suoi paesaggi, delle sue aure e dei suoi colori: sembra godere nel vedere la perfezione della sua creatura. Da parte sua Laura ricambia questa gioia perché, trovandosi nel suo elemento, lo rivitalizza con l'effluvio della sua naturalità e bellezza. La reciprocità crea una simbiosi stupenda. È difficile immaginare Laura nei boschi come un'amazzone o come una tigre ircana (anche se ciò sembrerebbe possibile nella sezione «petrosa»), mentre è normale pensarla seduta o danzante in un prato, sdraiata vicino a un fiume o a una fontana, all'ombra di un albero nobile... Il suo corpo è avvolto dall'aria che vuole imbeversi del suo profumo; è coperto dai fiori che, sopraffatti da tanta bellezza, ne riconoscono il dominio; gli alberi vogliono incorporare i suoi capelli per acquistarne la bellezza e l'ariosità; le erbe vogliono essere calpestate e a loro è riservata l'esperienza del tatto altrimenti ignota nella storia di quest'amore; i fiumi correndo ne divulgano il miracolo. Tutto questo è molto erotico e sottolinea la femminilità di Laura. La natura ne arricchisce la malia seduttrice che incatena l'amante; ma nello stesso tempo si appropria della donna che questi ama, e gliela rende irraggiungibile.

Tale partecipazione della natura alla bellezza di Laura fa di lei una donna diversa da quelle dei trovatori e degli stilnovisti: le prime sono «castellane» e le seconde sono «urbane», vivono, cioè, in spazi e strutture sociali ben impresse nell'immaginario comune. Laura, invece, è una creatura «silvana», non perché viva nei boschi ma perché la sua comparsa d'amante ha come scena privilegiata il mondo delle selve e dei prati, fatto che non comporta somiglianza alcuna con le pastorelle tradizionali, anzi ha figura e portamento aristocratici in grado altissimo. La sua origine «dafnea» offre la spiegazione più ovvia o almeno la più plausibile di tale «silvanità». Comunque non è la sola a vivere nelle selve. Laura è frequentatrice del mondo delle piante e dei fiori perché così la vuole il suo amante: è lui che ve la porta con la sua fantasia amorosa perché popoli la sua solitudine costituendo l'oggetto costante dei suoi pensieri, perché sia la sua costante interlocutrice, e se non «in carne e ossa» che lo sia almeno mentalmente. Certo, la Laura che appare in quelle solitudini non è sempre parto di fantasia poetica né di proiezione di desideri amorosi: la storia vuole che si diano incontri reali perché costituiscano occasioni di potenziale intimità che poi non si realizza, e quindi siano alimento di continua speranza e di frustrazione e di dolore. Le sue fugaci apparizioni sono quasi dei miraggi, realtà di consistenza fragilissima, che tengono, sì, compagnia al poeta ma per lasciarlo poi ancora più solo a meditare su cosa sia questa creatura irraggiungibile, cosa gli provochi, come lo tenti, come debba intendere il messaggio della sua presenza, come accettare la sua fugacità e temporalità ... come, insomma, debba capire la propria esistenza e come debba impostarla, per concludere quasi sempre che il sapere non si traduce necessariamente in volere, e la consapevolezza di tale discrepanza è causa di continuo tormento. Comunque nella solitudine della natura e lontana dalle genti, Laura può essere vista nella sua realtà integrale senza che altre persone o eventi interferiscano nel processo. L'amante ha bisogno di conoscerla, e solo nella meditazione indisturbata della solitudine può descriversela nel modo più accurato. Sennonché in quella solitudine la presenza dell'amata può diventare un'ossessione, può diventare veramente una Medusa che impedisce all'amante di vedere altri beni, di ragionare d'altro, di vedere l'amata in un contesto che consenta di valutarne meglio il valore. La solitudine garantisce al massimo il rapporto idea/parola, rapporto reversibile in quello di parola/idea; e in questo modo è difficile misurare quanto sia creazione dell'amante e quanto sia creatura vera; in ogni modo è facile vedere l'insidia di una tendenza narcisistica o forse meglio pigmalionica dell'amante che ama la sua stessa creazione. La scoperta del se stesso viene ritardata da questo circolo egoistico, e sarà finalmente la luce della coscienza a sanare il vizio di tale amore.

La vicinanza della natura a Laura, anzi la simbiosi di cui si diceva, spinge l'amante a cercare nella sua solitudine in mezzo ai campi la sua presenza. Nella canzone 125, «Se 'l pensier che mi strugge», che precede immediatamente «Chiare e fresche e dolci acque», leggiamo questi versi:

> Qualunque herba o fior colgo
> credo che nel terreno
> aggia radice ov'ella ebbe in costume
> gir fra le piagge e 'l fiume,
> e talor farsi un seggio
> fresco fiorito et verde (vv. 69- 74).

Subito dopo «Chiare fresche e dolci acque» viene «Di pensier in pensier, di monte in monte», forse la dichiarazione più alta del conforto che il poeta sente stando in solitudine vicino alla natura, come se essa custodisse la presenza di Laura. Da questo punto fino alla conclusione della prima parte del *Canzoniere* si infittiscono i richiami al paesaggio perché viene sentito come il detentore di un legame amoroso che corre fra i due amanti. Le testimonianze su questo tema sono tante e tanto note che non è necessario registrarle.

Sembra opportuno, invece, insistere che proprio in virtù di questa funzione Petrarca eleva il paesaggio a testimone della sua storia. La natura è il grande palcoscenico dove il poeta viene costruendo la propria storia di meditazione e di tormento, di ricerca d'amore e di se stesso. L'attore – così vorrebbe lo statuto della sua professione – è più credibile quanto più mente (lo diceva Agostino prima di Diderot)[3], ma Petrarca è attore e spettatore, che non vuole e non può mentire a se stesso come farebbe davanti a spettatori curiosi. La verifica della sua sincerità viene da testimoni che non interferiscono ma sostengono la ricerca. Intanto essi offrono al poeta la condizione più adatta perché egli possa concentrarsi su se stesso, sul proprio modo di vivere l'amore per Laura. In secondo luogo, seguendolo con orecchie attente, ma senza permettersi di interferire in altro modo, essi fanno sì che il poeta «reciti» o esponga i suoi sentimenti; e questa finzione di sentire il loro trepido e solidale silenzio obbliga il poeta ad «esternare» il suo discorso, a capirlo, a costruirlo, a renderlo intelligibile a se stesso, insomma a creare poesia, a creare un dialogo che lo guidi a trovare se stesso. La natura deve essere presente per garantire che il poeta cerchi, che dialoghi, che gridi, che viva insomma l'amore in un modo che cerca chiarezza e soluzioni e che non riesce mai a trovare. La natura partecipe crea una meravigliosa cassa di risonanza che restituisce al poeta ciò che lui proferisce senza alterazioni, e in tal modo il dialogo diventa una forma di insolita *sermocinatio*, un uso retorico mirato all'interiorità perché la persona da persuadere è il poeta stesso. Da ciò il tono che fugge le asprezze delle ossessioni e delle antitesi, e la natura che partecipa a quel dialogo è più dolce e amichevole.

Questa è la ragione, o lo è fra le più forti, per cui anche l'autore-protagonista preferisce la solitudine. Certo «la vergogna», ricordata nel primo sonetto (che, però, è indirizzato ai lettori), lo spinge ad evitare l'incontro di persone curiose, ma il desiderio di parlare con se stesso, insieme a quello di incontrare Laura, e di poter fare entrambe le cose senza interferenza d'altri è la spinta vera a vagare per i boschi. Sotto tale riguardo il *Canzoniere* ha il corrispettivo maggiore nel *De vita solitaria* piuttosto che nel *Secretum*; e lo ha anche se si pensa al processo dell'introspezione: nel *Secretum* lo scavo nell'interiorità viene fatto di fronte a un giudice come Agostino e alla Verità, mentre nel *Canzoniere* le funzioni distinte e diverse di quei due

[3] Il «paradoxe sur le comedien» al quale Diderot dedicò un celebre libro ha un antecedente in sant'Agostino, cfr. *Soliloquia*, II, 10.

protagonisti vengono assunte dall'amante, affatto solo col suo conflitto di speranze e dolori e di valori ubicati in poli distanti se non proprio opposti. La fuga dal mondo degli *occupati* non è la fuga dal mondo dei curiosi; la solitudine del *De vita solitaria* è popolata di libri e di grandi personaggi del mondo antico e del mondo del chiostro, mentre la solitudine del *Canzoniere* è popolata quasi esclusivamente da Laura, dalla sua immagine e dall'amante *unus et solus*; eppure tutte le forme di solitudine, tanto del monaco quanto del filosofo antico o dell'amante, si rassomigliano in modo profondo nel senso che propiziano la parola senza infingimenti, senza orpelli retorici, la parola «nuda», possiamo dire. Petrarca sapeva per antica tradizione dei lodatori della vita solitaria, dai Seneca ai Pier Damiani, che la solitudine è paradossalmente il mondo privilegiato della «comunicazione», della parola scritta o articolata, e questo perché la solitudine s'associa alla meditazione e questa a propria volta ha bisogno della testimonianza della scrittura. C'è di più: quella comunicazione è quanto di più puro si possa trovare perché il pensiero o il sentimento si trasferisce alla parola senza interferenze di alcun tipo; per questo è una comunicazione che attinge il massimo della veridicità. La solitudine, insomma, non è una forma di avarizia o di ingratitudine; semmai è il contrario, dal momento che proprio dalla solitudine arrivano al mondo «le verità» della ricerca; e mentre le ricerche fatte nella cella del chiostro riguarderanno Dio e il mondo del peccato, e quelle fatte negli *otia* antichi diranno di verità relative al cosmo, alla storia, alla morale, quella di cui leggiamo nel *Canzoniere* rende anch'essa al mondo il grande bene di un racconto «esemplare», una storia di vergogna e di vanità; e tutto crollerebbe se quel racconto non fosse scrupoloso e veritiero al massimo. È forse il motivo principale per cui si richiede la presenza di testimoni esterni in quanto un soggetto che ricerca se stesso genera un circolo chiuso. Quei testimoni non possono che essere i boschi, i prati, i fiori e i fiumi che costituiscono il «laboratorio» o meglio la scena in cui una ricerca tanto difficile dura lunghi anni. Alla fine, l'autore protagonista potrebbe ripetere al lettore del *Canzoniere* ciò che dice chiudendo il *De vita solitaria*:

Hec tibi autem sic affecto animo dictavi, ut omnis impulsarum vento frondium fragor et omnis circa nascentium sonitus aquarum hoc unum dicere viderentur: bene suades, recte consulis, verum dicis[4].

La differenza è che quel *verum* si riferisce a una storia di vano sperare e di vano dolore, comunque una storia raccontata in modo tanto verace da causare profonda vergogna in chi l'ha vissuta.

Cosa succede con la morte di Laura? Rimane ancora vivo il ruolo della natura? Non solo rimane, ma si intensifica, perché l'amante, ora veramente solo, sente ancora più urgente il bisogno di dialogo con quei boschi e con quei fiumi che sono stati testimoni della sua storia, e che si sono imbevuti della presenza di Laura. Non capisce che quella corrispondenza di sensi perpetuerà la storia accrescendone addirittura il tormento perché gli mantiene viva la memoria dell'amata ormai irrimediabilmente perduta.

L'intimo legame con la natura, con i suoi cicli di stagioni e di ore, viene garantito fin dal sonetto 265:

> ché quando nasce et mor fior, herba et foglia
> quando è 'l dì chiaro, et quando è notte oscura,
> piango ad ognor (5-8).

Il ritorno alla terra del corpo di Laura è annunciato nella canzone 268:

> Oïmè, terra è fatto il suo bel viso,
> che solea far del cielo
> et del ben di lassù fede fra noi (34-36)
> ...
> Fammi sentir di quell'aura gentile
> di for, sì come dentro ancor si sente,
> la qual era possente,
> cantando, d'acquetar li sdegni et l'ire (268, 31-34).

[4] *De vita solitaria*, II, 15, 14, ed. Christophe Carraud, cit., p. 394: «Ti ho scritto tutto questo con l'animo così scosso che mi sembrava di sentire ogni rumore delle foglie mosse dal vento, ogni suono di ciò che mi nasceva attorno, e tutto sembrava dire: "Dai consigli buoni, consideri bene le cose, e dici il vero"».

Il motivo della terra che racchiude il corpo di Laura ritorna spesso: ad esempio nella canzone 270 («[Amore] Il mio amato tesoro in terra trova» (v. 6); e in esso s'incontrano la «ctonicità» di Laura e il *memento* della caducità del corpo.

La simpatia della natura trova nuove e più consistenti attestazioni nei sonetti 278-281 dai quali conviene citare:

> Se lamentar augelli, o verdi fronde
> mover soavemente a l'aura estiva,
> o roco mormorar di lucide onde
> s'ode d'una fiorita e fresca riva,
>
> là 'v'io seggia d'amor pensoso e scriva,
> lei che 'l ciel ne mostrò, terra n'asconde,
> veggio et odo et intendo ch'ancor viva
> di sì lontano a' sospir miei risponde (son. 279, 1-8).

La natura è mesta ora che Laura non fa più sorridere i suoi prati e stormire le fronde degli alberi. I tristi suoi lamenti hanno la pacatezza di un dignitoso epicedio; però gli fanno da controcanto le affettuose parole di Laura che esorta l'amante a non piangere per lei perché non è morta ma vive di vita eterna. Sorge così un nuovo elemento di conflitto in quanto la natura si allea con la vita terrena, e mantiene l'amante in amore somministrandogli ricordi di una persona che non è più di questo mondo. Lo dice esplicitamente il sonetto seguente che drammatizza in modo lucido il conflitto del duplice richiamo:

> Mai non fui in parte ove sì chiar vedessi
> quel che veder vorrei poi ch'io nol vidi,
> né dove in tanta libertà mi stessi,
> né 'mpiessi il ciel de sì amorosi stridi;
>
> né già mai vidi valle aver sì spessi
> luoghi da sospirar riposti et fidi;
> né credo già ch'Amore in Cipro avessi,
> o in altra riva, sì soavi nidi.
>
> L'acque parlan d'amore, et l'òra e i rami
> et gli augelletti e i pesci e i fiori, et l'erba,
> tutti inseme pregando ch'i' sempre hami.
>
> Ma tu, ben nata che dal ciel mi chiami,
> per la memoria di tua morte acerba
> preghi ch'i' sprezzi 'l mondo e i suoi dolci hami (son. 280).

La natura sembra prendere la parola per avere il ruolo attivo da consigliera, e riempie di immagini lo spazio lasciato vuoto da Laura. Che cosa consiglia questa natura testimone di una singolare vicenda d'amore? La si direbbe una cattiva consigliera perché mantiene in vita il linguaggio della seduzione usato quando Laura era viva. Il suo consiglio va contro la volontà della stessa Laura la quale esorta l'amante a dimenticarla, a rinunciare ormai al suo amore terreno e volgere il cuore e la mente ad amori ben più alti e veraci. È un consiglio insistente perché ritorna nel sonetto successivo:

Quante fïate, al mio dolce ricetto
fuggendo altrui, et s'esser pò, me stesso
vo con gli occhi bagnando l'erba e 'l petto
rompendo co' sospir' l'aere da presso!

Quante fïate sol, pien di sospetto,
per luoghi ombrosi et foschi mi son messo,
cercando col penser l'alto diletto
che Morte à tolto, ond'io la chiamo spesso (281, 1-8).

Il motivo ritorna ancora nel sonetto 288 con un'intensità che sembra in crescendo. Osservando i colli dove Laura è nata, il poeta sente uno struggente dolore per la sua dipartita da questa terra. Solo la natura sa quanto egli ne soffra:

Non è sterpo né sasso in questi monti,
non ramo o fronda verde in queste piagge,
non fiore in queste valli o foglia d'erba,

stilla d'acqua non vèn di queste fonti,
né fiere àn questi boschi sì selvagge,
che non sappian quanto è mia pena acerba (288, 9-14).

Un altro nucleo in cui il tema riappare sono i tre sonetti 309-311, fra i quali il celebre «Zefiro torna». I sonetti 320, «Sento l'aura mia antica», e 321, «È questo il nido della mia fenice», reiterano la situazione del sonetto 288. Nella canzone 325 riappare il motivo delle stelle e del sole partecipi alla nascita di Laura. Nel sonetto 327 appare in forma discreta, attraverso il tema del lauro, un accenno alla simpatia.

Chi vincerà il cuore dell'amante? Sarà l'ombra dell'amata che egli non può sperare di vedere eccetto che nella memoria, oppure l'amata reale che non ha mai visto nella sua nuova veste ma che spera di vedere nella vita eterna? È un conflitto fra una «vana speranza» e una «speranza verace». L'affetto per l'ombra è attaccamento al proprio passato, che è come dire alla propria personalità, alla propria quotidianità, a quell'esercizio di introspezione il cui risultato è una forma di compiacimento che tarpa le ali a ogni intenso desiderio o volontà di uscirne muovendosi in direzione produttiva di una nuova vita. Questa direzione gliela indica Laura dal cielo, e la sua dolce forza di persuasione, che riesce a trasformare una sepolta nozione di bene in un ardore di bellezza eterna, avrà finalmente la vittoria sulla seduzione della natura; allora l'amante si orienterà verso il Bene che è anche il Bello. Per riuscirci dovrà rinunciare a vedere i luoghi che Laura frequentava, proprio come gli aveva suggerito Agostino nel *Secretum* (III, 164) con parole che ora acquistano una grande pertinenza:

Si hoc potes salvus eris. Quid ergo aliud dicam, nisi virgilianum versiculum paucis immutatis:

Heu fuge dilectas terras, fuge litus amatum?

Quomodo enim unquam his in locis tutus esse poteris, ubi tam multa vulnerum tuorum extant vestigia, ubi et presentium conspectu et preteritorum recordatione fatigaris? Ut igitur idem ait Cicero: «loci mutatione, tanquam egroti non convalescentes, curandus eris»[5].

Sarà ancora la natura, prima con la sua simpatia ma poi sotto nuova veste, a fargli compiere il passo decisivo.

Poiché tutto ciò che vive viene a morire, anche l'amante e la natura partecipe arrivano al momento della morte. Il sonetto 353, ormai vicinissimo alla conclusione di tutta l'opera, annuncia l'imminenza dell'evento supremo:

Vago augelletto che cantando vai,
over piangendo, il tuo tempo passato,
vedendoti la notte e 'l verno a lato
e 'l dì dopo le spalle e i mesi gai,

[5] Ed. a cura di Enrico Fenzi, Milano, Mursia, 1992, p. 232 [«Se ci riesci sarai salvo. Come potrei dirtelo diversamente se non con i versi di Virgilio: "Oh, fuggi le terre dilette, fuggi i lidi amati"? In quale altro modo potresti mai essere al sicuro in questi luoghi dove rimangono tante vestigia delle tue ferite e sei ancora assalito dalla vista delle cose presenti e dal ricordo delle cose passate? Come dice anche Cicerone: "dovrai essere curato mutando luogo, proprio come gli ammalati che non riescono a guarire"»].

> se, come i tuoi gravosi affanni sai,
> così sapessi il mio simile stato,
> verresti in grembo a questo sconsolato
> a partir seco i dolorosi guai.

In un atto di estrema simpatia l'amante e l'augelletto si trovano a piangere insieme; la differenza è che l'animaletto piange il venir meno della sua giovinezza, e l'amante piange perché nella sua vita non ha trovato mai consolazione. Per questi è arrivata l'ora del pentimento, e in ciò non potrà mai avere la simpatia della natura. È il momento di congedare un tipo di vita, e di cominciarne un'altra, ormai tutto da solo senza più compagnia della natura. La quale, a dire il vero, è stata benevola con l'amante, e ha posposto troppo a lungo il cambio di vita che gli farà ritrovare Laura: ha causato il ritardo con la sua vischiosità, cioè mantenendo vivo quel linguaggio della seduzione che faceva vivere l'amata sia pure solo nel ricordo e nelle immagini della memoria. Quando nella canzone 360 l'amante ricorda i suoi viaggi per monti e fiumi e valli si avverte che ormai il rapporto di simpatia con la natura risulterà dissolto, completamente svanito.

Ormai il poeta si prepara a morire e a ricongiungersi in paradiso a Laura. Così vuole la natura, ormai non più amica degli amanti ma inflessibile ministra della volontà divina:

> Dicemi spesso il mio fidato speglio,
> l'animo stanco, et la cangiata scorza,
> et la scemata mia destrezza et forza:
> – Non ti nasconder più; tu se' pur vèglio.
> Obedir a Natura in tutto è il meglio (son. 361, 1-5).

La morte ormai non lo spaventa. Già nel sonetto 357 ritorna l'immagine della passione di Cristo: «Né minacce debbo temer di morte, / che 'l Re sofferse con più grave pena» (9-10). Morire sarà un grande soffrire, ma non è ormai un «van dolore», perché lo sostiene una fede incrollabile e una speranza vera. Se morire significa mutare vita, significa anche lasciare il luogo, cioè la quotidianità delle meditazioni nei boschi, per immergersi nello spazio, vale a dire nell'eternità. Scompaiono così boschi e prati, fonti e fiumi. Il sole non si oscurerà per la sua morte perché la natura non sente ormai «pietà» per un amante che muore nella grazia di Dio. Scompare a questo punto il paesaggio e la natura perché ormai l'amante non ha più bisogno del suo conforto, non deve più meditare per cercare se stesso: la ricerca è compiuta, e ha sentito la voce della coscienza dalla quale nasce il pentimento e la volontà di essere un uomo diverso da quello che è stato. Il personaggio natura ci ha aiutato a capire che la voce della coscienza non si ascolta bene se non nella meditazione; e anche se sono possibili le folgorazioni e i miracoli, è pur vero che la via «umana» alla conoscenza del proprio essere esalta la natura umana di quell'essere stesso.

Il *Canzoniere* è la storia di una ricerca di ciò che rende autenticamente felici. Non ricerche in biblioteca, non in consultazioni di saggi autori, ma ricerca del proprio animo nel grande teatro della natura, il luogo delegato alla meditazione. Infatti è attraverso la meditazione che si arriva a sentire ciò che la coscienza dice, e a capire come arrivare a realizzarci come esseri completi, in perfetta armonia della nostra volontà con il nostro potere, a trovare in noi stessi l'immagine di Dio. È una ricerca molto lunga perché la voce della coscienza arriva turbata da altri messaggi che interferiscono prospettandoci felicità che poi risultano false; e per ascoltarla al meglio bisogna convincersi a farlo, studiandosi e convincendosi che il bene che può renderci felici può essere solo uno. Non pensiamo mai al *Canzoniere* per quello che veramente è, ossia come una grande operazione di retorica di tipo singolare, simile per certi versi a quella che sarà tipica della *devotio moderna*, cioè con una retorica non rivolta all'esterno ma all'intimità dell'oratore stesso, un'opera di autopersuasione sempre difficilissima perché un oratore siffatto conosce le proprie strategie della persuasione e ciò può indebolire alle sue orecchie la forza dell'argomentazione. L'operazione è resa ardua dal fatto che nel tentativo di mettere in luce la vanità del desiderio – vano per l'instabilità dell'oggetto amato e per la relatività del suo valore – quel retore-poeta finisce col mettere ripetutamente in luce quegli aspetti seducenti che tarpano la volontà di liberarsene, invischiandola sempre di più con speranze lusinghiere, in apparenza ben promettenti ma di fatto operanti come un miraggio. Questa retorica raggiunge veramente il suo scopo quando il «vir bonus» che traspare dal suo discorso diventa veramente «un vir bonus» che capisce nell'intimo del suo cuore quanta differenza di qualità intercorra tra la speranza «vera» e le speranze «vane», quanto sia diverso il «van dolore» da quello fruttifero, quando, infine, capisce realmente che la vera felicità consiste nella pace e nell'armonia con se stessi nell'immagine di chi ci ha creato.

VI

L'ASCOLTO DELLA COSCIENZA E LA *MUTATIO* FINALE

Ora che sono scomparsi dalla scena boschi e prati, fiumi e fontane, campi e camerette; ora che non v'è più segno di scenario e che la rappresentazione è finita; ora che Laura non torna più nei sogni e il ricordo di lei è meno intenso, il protagonista si trova solo con se stesso. È il momento del raccoglimento massimo che produrrà quell'uomo «diverso» annunciato nel primo sonetto. Il momento sembra propizio per la *mutatio*, e capiamo ormai in che direzione avverrà, cosa non chiarissima nel sonetto proemiale. Ora vediamo che i «capi d'accusa» indicati in quel proemio cadranno per un'assoluzione non perché le colpe non sussistono ma perché il pentimento redime il peccatore. È vero però che il prologo lasciava prevedere una conclusione «per esaurimento», come lo spegnersi di un motore e tutt'al più la debole accensione di un altro, magari un generico passare dal peccato alla contrizione. L'impressione avrà cause diverse, non ultima la ricordata «trasparenza» petrarchesca che nella sua compostezza formale tende ad attenuare i toni drammatici; sarà anche il fatto che quanto avviene nel mutamento finale si presti pochissimo a trattamenti «lirico-narrativi» del tipo visto nel corso di tutta l'opera, cioè una storia con un preciso punto di orientamento, scritta in termini di memoria e di meditazione amorosa; infine non poca parte avrà giocato il luogo critico comune che la conclusione del *Canzoniere* sia escogitata per fini retorici sostanzialmente estranei alla storia centrale. Del resto non vengono a mente modelli letterari per darci un'idea di possibili conclusioni: infatti, a parte la *Vita nuova*, quale altra raccolta di liriche romanze arriva a concludersi? anzi, quale altra raccolta lirica si articola come una «storia» d'amore; e quale fra queste ha un prologo?

Non ci inganni la rapidità della conclusione del *Canzoniere*: dopo tutto l'autore s'era proposto di presentare una storia di cui si vergognava, di raccontare quindi dell'uomo vecchio e non dell'uomo nuovo: il lettore poteva aspettarsi di sapere come fosse avvenuto il cambio ma non come fosse stato vissuto. Né dimentichiamo che seguendo i «segnali stradali» indicati nel primo sonetto siamo immancabilmente pervenuti a un approdo di natura diametralmente opposta a quella del punto di partenza, ma questo non interrompe la continuità del percorso, anzi la presuppone. Abbiamo visto che la «vana speranza» arriva a diventare «vera speranza», che il «van dolore» diventa anch'esso «vero dolore», ossia «amore-carità-sacrificio», e che la «vergogna» trova il modo di rimuovere la causa che la genera; abbiamo visto che in quell'approdo ci aspettano le virtù teologali di cui avevamo avuto indizi vaghi, e in quel luogo d'arrivo troviamo la «coscienza» della quale abbiamo spesso parlato senza però spiegare cosa veramente sia: ci sono, insomma, elementi sufficienti per vedere più da vicino quel «ciclo del pentimento» – gli ultimi sei componimenti (361-366) – perché in esso culmina la nostra ricerca, e lì possiamo raccogliere il senso della storia che abbiamo seguito.

Nei percorsi compiuti abbiamo osservato un cambio di rotta qualitativo soltanto dopo la canzone 360, il punto in cui «l'uomo vecchio» arriva all'esaurimento delle proprie risorse intellettuali ed è quasi giocoforza che il resto del viaggio sia compiuto da «l'uomo nuovo».

Non siamo certamente i primi a notare quello spartiacque; forse però saremo i più espliciti nel dichiarare un grande disagio davanti all'interpretazione che se ne è data. Tradotta in termini essenziali, quell'interpretazione vuole che la storia psicologica narrata nel *Canzoniere* si concluda con la canzone 360 lasciando aperto il dissidio che domina quella storia; e solo ragioni retoriche e morali avrebbero spinto l'autore ad aggiungervi l'episodio del pentimento. Per non tradire tale interpretazione, riportiamo la voce di Ugo Dotti, assiduo frequentatore dell'opera petrarchesca, il quale, al necessario requisito di autorevolezza, aggiunge anche quello della chiarezza, qualità decisiva per la nostra scelta. Ricordando il dibattito di Francesco e Amore davanti a Ragione, e il rifiuto di questa a dirimerlo, Dotti perviene alle seguenti conclusioni:

> In breve: la questione viene posta non più sul piano dell'emotività, ma su quello dell'analisi razionale, rimanendo pertanto affidata alla

Ragione la pronuncia della sentenza ultima e definitiva. Il fatto poi che la stessa Ragione, consapevole della difficoltà di dover dirimere una questione tanto complessa con un semplice sì od un no, s'astenga dal giudizio e che sottolinei appunto che «più tempo bisogna a tanta lite», è una prova, che definirei incontrovertibile, tanto dello spostamento del problema sul piano del dibattito ideologico (nel conflitto tra immanente e trascendente), quanto dell'essere, questa stessa canzone (anche per la posizione assunta nel libro), conclusiva dell'esperienza lirica consegnataci dal poeta nel suo Canzoniere. I cinque sonetti di pentimento che seguono e la finale implorazione alla Vergine, nella ribadita aspirazione a una redenzione impossibile, costituiscono di fatto una chiusa retorica appartenente, direi, a un'architettura piuttosto «esterna» del libro, il quale, nel suo significato ideologicamente più profondo, si conclude proprio nell'epoché della ragione immanente e terrena[1].

Ragionate diversamente, ma certo non con minor lucidità e autorevolezza, sono le conclusioni di Marco Santagata che si leggono nell'Introduzione alla sua rinnovata edizione del *Canzoniere*:

> L'inconciliabilità delle due aspirazioni ideologiche si traduce in una *impasse* che perdurerà per molti anni [...] Solo verso la fine della vita, quando, nel 1374, conduce a termine la trascrizione autografa del ms. Vat. lat. 3195, contenente l'ultima redazione del libro, sembra aver raggiunto il suo obiettivo. Questa redazione avrebbe dovuto essere quella definitiva. Si presenta in effetti come un testo equilibrato e finalmente conchiuso, in grado cioè di rispondere alle attese suscitate dal proemio. Il prezzo da pagare è stato, però, la rinuncia all'armonizzazione delle due anime, una rinuncia che ha comportato anche quella a dimostrare la tesi morale attraverso il racconto[2].

Nella nostra prefazione avevamo espresso molto disagio per una conclusione che si chiamerebbe meglio una capitolazione, un vero fallimento esistenziale, per giunta mal celato da una sorta di appendice palinodica, messa insieme all'ultimo momento. Il grande mito di un intellettuale che strenuamente cerca la verità, che cerca se stesso, che a questo fine coordina

[1] Dal saggio introduttivo (più precisamente dal capitoletto *L'epoché della Ragione*) di Ugo Dotti alla sua ed. del *Canzoniere*, Roma, Donzelli, 1996, 2 voll.; la citazione è tratta da vol. I, pp. l-li. Alla «epoché della ragione» Dotti aveva già dedicato un capitolo nel suo libro *Petrarca e la scoperta della coscienza moderna*, Milano, Feltrinelli, 1978, pp. 69-80.

[2] *Canzoniere*, ed. aggiornata 2004², cit., pp. xcii-xciii.

saperi diversi e *auctoritates* numerose e di altissimo peso, il fondatore di un nuovo indirizzo di studi, chiuderebbe la propria esistenza come un povero Amleto disarmato che non sa uscire da una controversia che lui stesso ha impostato! La tradizione conosceva il genere della *controversia* come pretesto di esercitazione retorica, e aveva insegnato che la vita reale risolve situazioni che sul piano accademico sembrano dilemmatiche e insolubili: basti pensare a come le risolvono molte novelle basate su situazioni proposte dalle *controversiae* antiche[3]. E con un fallimento esistenziale del genere, dove mai cercheremmo il valore esemplare del *Canzoniere* se il protagonista – il quale ci ha obbligati a seguirlo per così lungo tempo, avvincendoci con lo studio della sua anima, ma anche un po' infastidendoci con i suoi tentennamenti, con le sue irrisolutezze – alla fine trova una scorciatoia per uscire dalla scena, liquidando i suoi lettori con un semplice «scusatemi, ho sbagliato strada»?

D'altra parte si deve ammettere che l'interpretazione alternativa di una conclusione religiosa *tout court* sembra molto meno affascinante: le conversioni all'ultimo momento costituiscono finali abusati dai racconti agiografici e da altre opere edificanti, per cui preferiremmo l'intellettualità del dubbio o la sospensione del giudizio a una banale conclusione alla quale viene educato ogni buon cristiano.

Però la scelta fra le due interpretazioni non è obbligata, e anzi se ne vuol presentare una terza che, salvo fallace suggestione, sembra molto più congrua con l'impianto generale del *Canzoniere* e molto meglio sintonizzata con la personalità intellettuale di Petrarca. Ci appianerebbe molto la strada pensare a quelle «due anime» in termini diversi da come li intendeva De Sanctis, ossia come due tendenze inconciliabili, una terrena e una divina (ma dov'è nel *Canzoniere* tanto assiduo e tormentante desiderio di Dio?), fra peccato carnale e visione celeste – interpretazione che ha retto per molto tempo perché accentua la supposta «modernità» di Petrarca contro l'ascetismo medie-

[3] Sull'argomento mi permetto di rimandare al mio *From «controversia» to «novella»*, in *Genèse, Codification et Rayonnement d'un genre médiévale. La Nouvelle*, ed. Michelangelo Picone, Montreal, 1983, pp. 89-99, ristampato in *L'alambicco in biblioteca: distillati rari*, raccolta di saggi di Paolo Cherchi a cura di Francesco Guardiani ed Emilio Speciale, Ravenna, Longo, 2000, pp. 119-132.

vale – e intenderle invece come aspetti di una conflittualità fra ragione e anima, fra mondo dell'intenzionalità e possibilità di realizzazione, fra temporalità e assolutezza, insomma una conflittualità che, senza mettere una civiltà contro un'altra, arriva a disintegrare la persona, rendendola incapace di dominare urgenze diverse, di dare un senso unitario al proprio esistere, e di guidarlo a quella felicità che ogni essere si prefigge; del resto era proprio questo che ci dice il *Secretum*. La storia d'amore del *Canzoniere* si chiude quando l'amante arriva a capire che la conflittualità che lo tormenta nasce dal suo essersi fatto «fine del bene e del male», di essersi posto come misura della propria felicità, di aver messo amori e tempo sotto il giudizio della ragione, di aver isolato la propria persona dalle relazioni che il concetto stesso di persona implica – rapporti con Dio e con i propri simili – creandosi attorno un vuoto che riempie per intero con il proprio egoismo. Quella conflittualità viene a cadere non appena troverà se stesso uscendo dal proprio circolo di egoismo, mettendo se stesso sotto la guida della Fede anziché della sola ragione, capendo che ciò che è relativo, tempo e amori, non è inutile ma provvidenziale. Sembra un paradosso, ma, uscendo da se stesso, riesce a trovare se stesso, come lo esortava a fare Agostino, e quel rinvenimento coinciderà con la felicità, con la pace, con la composizione di ogni conflitto. La *mutatio animi* che esperimenta alla fine del *Canzoniere* muta il modo di sapere con cui ha vissuto la sua vita di amore o di amori: non più un sapere che gli serve a guidare la propria anima ma un sapere in cui il saputo diventa oggetto di amore così intenso da attrarre a sé la vitalità di chi l'ama, suscitando in lui quell'appetizione così intensa che si chiama volontà. È un mutamento che si può descrivere come un passaggio dal conoscere al sapere, ossia dal sapere razionale o intellettuale al sapere con lo spirito, col fondo dell'anima, la quale grida d'essere ormai presa interamente dal Bene assoluto che si conosce solo con l'anima. È un bene che si vive con le virtù teologali grazie alle quali le «vane speranze» diventano «speranze certe», e le sofferenze degli amori terreni cedono all'amore-carità che conosce la gioia del sacrificio: è tutto un nuovo mondo morale tenuto insieme dalla Fede. L'amante del *Canzoniere* vive il passaggio dal conoscere al sapere, o, detto in termini agostiniani, dalla *scientia* alla *sapientia*.

Il passo sembra facile e perfino comune nell'esperienza di ogni buon cristiano. Eppure non è facile, o certamente non lo era per Petrarca. La grande «novitas» culturale che egli rappresenta tocca proprio il rapporto cultura-vita che egli intende alla maniera dei saggi antichi, cioè come traduzione del sapere in un vero e proprio stile di vita. Era questa concezione che l'aveva portato alla *mutatio vitae* susseguente alla crisi degli anni attorno alla metà del secolo, concezione che orienta i suoi studi in senso etico e cristiano, e li spinge allo studio della propria anima. Però quella *mutatio* non porta la gioia che prometteva, anzi l'indagine sul proprio essere reca tormenti nuovi, affanni prima ignoti, frustrazioni persistenti e, soprattutto, la consapevolezza di non poter controllare i propri desideri di amore e di gloria. Le sole pagine gioiose che il nuovo Petrarca riesce a scrivere sono quelle in cui descrive la serenità della vita solitaria e dell'*otium* dei monaci contemplativi, o sono alcune liriche d'amore. Tuttavia è sempre una gioia che conserva l'aura di un *desideratum*, il senso di una cosa bella ma lontana, desiderabile ma non raggiunta, quasi una mitizzazione delle condizioni che possono propiziare la felicità della contemplazione. Cosa gli impedisce di scrivere pagine che abbiano un impeto di gioia come capita di trovare negli autori antichi, persino nell'austero Seneca, e nei Padri e in autori che sono stati in grado di sentire la prossimità del divino? Forse l'uomo vecchio non è del tutto morto; forse l'aver abbracciato nuovi veri con le armi della *philosophia* gli ha allargato la mente creandogli l'illusione di essere in grado di risolvere tutti i problemi dell'anima.

Quegli studi in effetti hanno un limite perché illuminano la mente sulla verità, ma non scaldano il cuore ad abbracciarla. Detto in modo diverso, quegli studi non stimolano la volontà. Questa viene solo da un amore intenso per un obiettivo che si vuol raggiungere, e questo non può essere solo la verità ma deve essere anche la pienezza della vita. Petrarca conosce le verità degli stoici antichi, le verità dei poeti, e le verità che insegna il credo cristiano: sono tutte verità di carattere universale, accessibili a tutti gli uomini che usano la ragione. Ma per muoverlo all'azione deve trovare una verità «personale», una verità che sia una sua conquista, una verità da abbracciare *toto corde*. La *mutatio* ha portato alla luce uno dei difetti più tormentosi della sua personalità, ossia quello che lui stesso definisce come *acedia* che non è altro che mancanza di volontà. Vedere il bene e non ancora amarlo come si dovrebbe è vivere in modo dilacerato, soprattutto se la riluttanza di volgere l'anima a quel bene supremo è dovuta a un altro amore che la ragione condanna. La ragione, insomma, si erge a regina quando da lei dipendono quelle virtù che si chiamano cardinali, ristrette alla sfera dei beni umani, virtù che coincidono con i principi della natura e della ragione, virtù su cui si basava la morale del mondo antico; ma non può mantenere quel ruolo sovrano laddove si tratta delle virtù che appartengono alla sfera dell'eternità e del Sommo Bene. Tali virtù non sono una conquista razionale, ma sono infuse, pertanto sono un dono divino, e vivere secondo i loro dettami significa obbedire agli imperativi dell'amore per Dio e non alle universali leggi della ragione e della natura. È importante riportare un passo in cui Petrarca pone le premesse che ci servono per capire la differenza fra le virtù morali o cardinali e quelle teologali:

> Etsi enim non sit in virtute finis noster, ubi eum philosophi posuere, est tamen per virtutes iter rectum eo ubi finis est noster; per virtutes, inquam, non tantum cognitas, sed dilectas.
>
> 57. Hi sunt ergo veri philosophi morales et virtutum utiles magistri, quorum prima et ultima intentio est bonum facere auditorem ac lectorem, quique non solum docent quid est virtus aut vitium preclarumque illud hoc fuscum nomen auribus instrepunt, sed rei optime amorem studiumque pessimeque rei odium fugamque pectoribus inserunt.
>
> 58. Tutius est voluntati bonae ac pie quam capaci et claro intellectui operam dare. Voluntatis siquidem obiectum, ut sapientibus placet, est bonitas: obiectum intellectus est veritas. Satius est autem bonum velle quam verum nosse. Illud enim merito numquam caret, hoc sepe etiam culpam habet, excusationem non habet. Itaque longe errant qui in cognoscenda virtute, non in adipiscenda, et multo maxime qui in cognoscendo, non amando Deo tempus ponunt. Nam et cognosci ad plenum Deus in hac vita multo potest modo, amari autem potest pie atque ardenter; et utique amor ille felix semper, cognitio vero nonnunquam miseria, qualis est demonum, qui cognitum apud inferos contremiscunt[4].

[4] *De sui ipsius et multorum ignorantia*, IV, 56-58, ed. Christophe Carraud, Genoble, Millon, 1999, pp. 158-160: «Benché non poniamo il nostro fine nella virtù, in cui lo posero i filosofi, tuttavia è attraverso il retto cammino delle virtù che lo raggiungiamo; e questo non tanto però perché conosciamo le virtù, ma perché le amiamo. 57. I filosofi morali veri e propri sono quei

I filosofi morali antichi non avevano insistito sul ruolo che l'amore può avere come stimolo a cercare e a praticare le virtù, mentre l'insegnamento cristiano pone l'amore di Dio come fondamento indispensabile per avviare la ricerca della virtù e per ricavare da essa quella felicità che dovrebbero produrre in chi l'esercita. Non per niente le virtù teologali mettono in primo piano l'amore per un Essere «non conosciuto» razionalmente, e quell'amore informa anche la Speranza, che è in ultima analisi fiducia in un Essere conosciuto attraverso la Fede. Si tratta di una differenza capitale rispetto all'etica antica, ed è importante tenerla presente perché altrimenti non capiremmo appieno il senso della *mutatio* petrarchesca di cui andiamo parlando, quel suo passare dalla filosofia antica stoicheggiante alla filosofia cristiana realmente vissuta.

Il legame tra i due tipi di virtù, il modo in cui le teologali completano (e non sostituiscono, si badi bene!) quelle cardinali, costituisce un grandissimo problema della teologia dal dodicesimo al quattordicesimo secolo e fu all'origine di opere come l'*Anticlaudianus* di Alanus de Insulis o di problemi come quelli del Limbo in Dante; è un problema che equivale a quello del rapporto tra natura e Dio, tra storia e rivelazione. Sarebbe poco utile darne qui in succinto gli estremi, dal momento che ci interessa vedere che in Petrarca quel problema non si pone al livello teologico quanto invece al livello esistenziale o vitale. Per capire meglio questo punto, riportiamo un passo del *De*

maestri di virtù e sono certamente utili. Il loro scopo precipuo e ultimo è quello di rendere buono l'ascoltatore o il lettore. Essi non si accontentano soltanto di insegnare cosa siano le virtù e i vizi, e di farci rintronare nelle orecchie il nome eccelso delle prime e quello obbrobrioso dei secondi, ma piantano nel petto l'amore e lo zelo per le cose migliori e l'odio e la repulsione per le peggiori. 58. Una volontà buona e pia è fonte di maggior sicurezza di quanto non lo sia un'intelligenza vasta e lucida. I saggi ci dicono che oggetto della volontà è la bontà, e quello dell'intelligenza è la verità. Ora, volere il bene conta molto di più che conoscere il bene. È sempre cosa di merito volere il bene; ma conoscere la verità è un fatto che s'accompagna spesso ad un errore non scusabile. Così è un grave errore occupare il proprio tempo a conoscere la virtù e poi non volerla conseguire; ed errore ben più grave fanno quelli che impiegano il tempo a conoscere Dio e non ad amarlo. In effetti è impossibile conoscere pienamente Dio in questa vita quando invece Lo si può amare con tutto l'ardore della devozione; e questo amore è sempre felice, mentre la conoscenza non è mai priva di miseria, come accade per i demoni che nell'inferno temono il Dio che hanno conosciuto».

remediis, il capitolo finale della prima parte dedicata ad offrire i rimedi contro la buona fortuna. Si tratta di un dialogo fra *Ratio* e *Spes*, e il tema è la speranza nella vita eterna, lo stesso tema, dunque, toccato tangenzialmente nel nostro discorso sulla «vana speranza»:

Spes. Spero eternam vitam.
Ratio. Nulla maior, nulla pulchrior, nulla sanctior spes, modo ceca precepsve sit: sunt enim qui semper male agendo bonum sperent, quo nichil est stultius.
Spes. Eternam vitam spero.
Ratio. Ea est virtutum consanguinitas atque connexio, sicut a philosophis disputatum est, ut necesse sit eum qui unam habet omnes habere virtutes, cui illud est consequens una virtutum carentem cunctis carere virtutibus. Quod si de mortalibus verum est, quid de theologicis opinemur? Item si spem habes, caritatem simul habeas oportet ac fidem; si qua harum desit, non iam spes illa, sed presumptio inconsulta est.
Spes. Vitam spero eternam.
Ratio. Rem bonam, immo optimam speras; illud vide, ut quod bonum agis, agas bene. Sunt et qui bona male agant, nec minus infallibilis extimator qui qualiter quam quid fiat aspicit nec minus adverbia quam qui verba librat ac nomina.
Spes. Spero vitam eternam.
Ratio. Non celestis tantum sed terrestres domini de se sperari amant, sed a quibus? Profecto ab his quibus se caros ac delectos sciunt aut qui si quando forsitan odiosi fuerint ac rebelles, redire in gratiam optantes ad misericordiam confugerunt
Spes. Vitam eternam spero.
Ratio. Vitam temporalem corrige; hac ad illam pergitur.
Spes. Spero vitam eternam.
Ratio. Una omnium spes est, que si rite illam concipis, et felicem te faciet et iam facit.
Spes. Eternam vitam spero.
Ratio. Primum est ut misericordiam, dehinc vitam speres, utranque sobrie ac modeste.
Spes. Spero eternam vitam.
Ratio. O felix, nisi te spes ista fefellerit[5].

[5] Testo ripreso dall'ed. di Christophe Carraud, Grenoble, Millon, 2002, cit., vol. I, p. 526: «1. *Speranza* – Spero la vita eterna. – 2. *Ragione* – Niente di più grande né di più bello, niente di più santo, purché non sia cieca o precipitosa: infatti vi sono persone che pur continuando ad agire male sperano in bene; e niente è più stolto di questo modo di pensare. – 3. – *Speranza* – Spero nella vita eterna. – 4. – *Ragione* – Esiste, come dicono i filosofi, una

Il dialogo è interessantissimo non foss'altro perché la personificazione della Speranza spera di avere una vita eterna la quale, come è ovvio, non esige più che si speri: essa dunque spera di realizzarsi assolutamente in ciò che promette. Non meno interessante, però, è il ruolo di Ragione la quale assolve il suo consueto ruolo di saggia consigliera. In questo caso deve cautelare Spes contro il fatto, di per sé positivo, di sperare; infatti contro una disposizione così fortunata, Ragione l'esorta ad essere temperante, a non sperare senza fondamento, perché una speranza infondata è una vera illusione, e l'esorta invece a meritarsela praticando le altre virtù teologali. Nel complesso non possiamo dar torto a Ragione davanti all'impetuosa e ossessiva brama di eternità dichiarata da Spes: dopo tutto Ratio incarna la *Temperantia*, una virtù cardinale, e la sua voce suona come quella di un saggio antico che modera ogni eccesso. In quella voce però suona anche una nota di sterilità o di inazione rispetto al fiducioso slancio della vitalità di Spes; anzi, nel congedarsi, Ratio spera che la «speranza non deluda Spes venendole meno», il che equivale a dire che la saggezza di Ratio insinua nella speranza il dubbio dell'insuccesso, piantandole in cuore un seme di incertezza: il che è una forma di «prudenza» quando si parla di

sorta di consanguineità e di legame tra le virtù, per cui chi ne ha una le ha tutte, e, conseguentemente, chi è difettoso di una non ne ha alcuna. E se pensiamo che ciò sia vero delle virtù cardinali (morali?), non sarà lo stesso delle teologali? Pertanto se tu hai la speranza devi anche avere la fede e la carità perché senza di esse non puoi più parlare di speranza ma di presunzione inconsiderata. – 5. – *Speranza* – Spero la vita eterna. – 6. – *Ragione* – Speri una cosa buona, anzi, la migliore; cerca dunque di fare bene ciò che fai. Vi sono persone che lo fanno male. Un giudice attento al come si fanno le cose non rischia di giudicare peggio di chi considera gli avverbi di chi soppesa le parole e i nomi. – 7. – *Speranza* – Spero la vita eterna. – 8. – *Ragione* – Al signore della terra come a quelli del cielo piace che si riponga in loro la speranza, ammesso che siano buoni servi dai quali si sentono amati, o che, essendosi mostrati odiosi e ribelli, implorino la loro misericordia per ritornare nella loro grazia. – 9. – *Speranza* – Spero nella vita eterna. – 10. – *Ragione* – Correggi la tua vita temporale perché è quella che porta all'altra. – 11. – *Speranza* – Ho speranza nella vita eterna. – 12. – *Ragione* – È la speranza che tutti hanno. Se tu la sai coltivare come si deve, essa ti porterà la felicità, anzi già te la porta. – 13. – *Speranza* – Spero la vita eterna. – 14. – *Ragione* – Spera prima di tutto la misericordia, poi la vita, e sia l'una che l'altra in modo temperato e sobrio. – 15. – *Speranza* – Spero nella vita eterna. – 16. – *Ragione* – Oh te felice se questa speranza non ti viene meno!».

speranze poste su obiettivi terreni, ma è una forma di «sfiducia» o mancanza di fede quando si parla di obiettivi celesti.

Non bisogna leggere troppo in un capitolo come questo, scritto approssimativamente nel 1354, negli anni in cui era ormai ben avviata la *mutatio vitae* di cui abbiamo parlato. Tuttavia non si corre alcun rischio dicendo che in Petrarca la consapevolezza della differenza tra virtù che aiutano a vivere da saggi alla maniera antica e virtù che salvano risale a molti anni avanti la chiusura del *Canzoniere*; anzi essa risale quasi con certezza all'apprendimento dei primi rudimenti di dottrina cristiana. Più rischioso è sostenere che Petrarca avesse ragionato a lungo sul potenziale conflitto fra ragione e vitalità intesa come inclinazione a inseguire i desideri dell'anima. In effetti se non avessimo la testimonianza del *Secretum* rimarremmo al buio completo su questo problema. Le opere della «fase cristiana» conoscono ripetutamente la riluttanza ad abbracciare le verità della ragione contro la verità della rivelazione, conoscono l'insoddisfazione verso una scienza che forse cura ma non salva: ne abbiamo appena visto un esempio ricavato dal *De sui ipsius ignorantia*. Tuttavia anche quelle opere proclamano la superiorità della Fede rispetto a tutti i saperi umani, ma non dimostrano mai come questa sia diventata parte integrante della vita dell'autore, come sia riuscita ad assorbire in sé le esigenze della ragione e delle virtù civili o cardinali. Creava un ostacolo in tal senso la natura del genere letterario «trattato» in cui spuntava la formazione antica e la fiducia nel dialogo ossia nel potere persuasivo della ragione. Il dialogo o trattato alla maniera classica tendeva ad illustrare «il sommo bene» come centro della vita virtuosa, e spesso lo faceva fingendo un conflitto tra virtù e vizio, tra il dovere perfetto e i doveri minori, tra la ragione e il desiderio, cioè tra il bene intellettualmente conosciuto e il bene voluto... e a lettura finita si rimaneva sempre con l'impressione che il dialogo fosse destinato a un'eristica, a un rigido confronto di posizioni e niente più. Per rendere fruttuoso quel dialogo bisognava trasporlo dalla sfera del pensiero alla sfera del sentire, dall'astrattezza del discettare al terreno concreto del vissuto. Ora, il genere che poteva mettere a confronto le due modalità del vivere era il *Canzoniere*, una storia scritta in prima persona, una storia d'amore e quindi di una passione naturale e pertanto difficile da domare, una storia che raccontasse in prima persona, in carne propria, il dramma della salvezza o il passaggio dal mondo della saggezza al mondo della salvezza. Un dramma e una conquista affatto personali, e solo chi l'ha vissuto può raccontarlo. Rivediamo, allora, la sezione conclusiva, e vediamo il racconto di come un amante siffatto diventi «altr'uom» da quello che era.

Torniamo alla canzone 360 che, come abbiamo già visto, contiene la «lite» fra Amore e Francesco davanti al tribunale di Ragione. Qui Ragione mostra la sua «prudenza» (la prima delle virtù cardinali) ma anche la sua insufficienza. L'*epoché* della Ragione davanti alla lite tra Amore e amante acquista il valore di manifesto nei riguardi di quella diffusa tendenza, ancora viva nel Trecento, di affidare alla Ragione la felicità dell'uomo, e di indicare nella razionalità il «summum bonum» (il «vivere secondo ragione»), come voleva un Boezio di Dacia e la tradizione avverroista in generale. Petrarca era stato educato, o si era educato, a confidare nel potere della Ragione per dominare le passioni; però a un certo punto del suo itinerario intellettuale si rende conto che la Ragione gli ha insegnato cosa gli era nocivo ma non gli aveva insegnato cosa fosse attrattivo se non la Ragione stessa o la razionalità, la quale stabilisce ciò che è bene e ciò che è male, ma non ha il potere di far amare il bene né di far odiare il male.

Dopo che quella canzone disarma, per così dire, il protagonista dei suoi elementi di conflitto portandoli a neutralizzarsi a vicenda, dopo aver fatto una specie di *tabula rasa*, ha inizio la *mutatio* finale. In questo stato d'animo l'amante si guarda allo specchio e non vede la propria ombra, bensì l'immagine sua vera:

Dicemi spesso il mio fidato speglio,
l'animo stanco, e la cangiata scorza,
et la scemata mia destrezza et forza:
– Non ti nasconder più: tu se' pur vèglio.

Obedir a Natura in tutto è il meglio,
ch'a contender con lei il tempo ne sforza –
Sùbito allor, com'acqua 'l foco amorza,
d'un lungo et grave sonno mi risveglio:

et veggio ben che 'l nostro viver vola
et ch'esser non si pò più d'una volta;
e 'n mezzo 'l cor mi sona una parola

di lei ch'è or dal suo bel nodo sciolta,
ma ne' suoi giorni al mondo fu sì sola,
ch'a tutte, s'i' non erro, fama à tolta (son. 361).

Per la prima volta ha la percezione realistica del proprio essere: uomo in carne e ossa calato nel fluire del tempo: è un essere mortale. Non si ama né si odia: si osserva, convinto di vedere in quello specchio il vero se stesso e non la propria ombra: muore in quel momento il suo narcisismo, che è quell'amore di sé, quell'incapacità di amare veramente gli altri, di concepire un amore che esca dal proprio circolo, o di sapere amare soltanto portando a sé l'oggetto del proprio desiderio anziché darsi a esso in una forma suprema di amore sacrificio. Ora può sentire «la parola» di Laura in modo affatto nuovo. La sente «nel cuore» («e 'n mezzo al cuor mi sona una parola / di lei ch'è or dal suo bel nodo sciolta») e, come abbiamo visto, è un messaggio senza parole, che crea ciò che con linguaggio moderno potremmo chiamare una «appercezione» o «intuizione» di una verità sentita in modo istintuale, giunta al cuore come un'illuminazione. Non si può fare a meno di ricordare le parole di san Paolo: «non atramento, sed Spiritus Dei vivi, non in tabulis lapideis, sed in tabulis cordis carnalibus» (2 Cor, 3, 3 [«⟨lettera scritta⟩ non con l'inchiostro, ma con lo spirito di Cristo vivo, non su tavole di pietra, ma su tavole che sono cuori di carne»]); e tornano opportune le considerazioni di san Tommaso (*Sum. Theol.*, III, q. 42, a. 3) in cui spiega che Cristo non scrisse alcuna opera con l'inchiostro o sulle tavole perché impresse i propri insegnamenti nel cuore degli uomini, nei «cuori di carne», appunto. È il momento in cui l'evidenza si afferma senza violenza perché non ammette obiezioni o alternative: in un'occasione simile, chi l'esperimenta può solo dire: «ita est». In modo ineffabile e semplicissimo prende avvio la *mutatio animi*! È il momento in cui l'amante «Subito allor, com'acqua 'l foco amorza / d'un lungo et grave sogno» (vv. 7-8) si risveglia, conosce un suo nuovo modo di sentire, quasi un risveglio da un'ipnosi, e si sente altro da quello che era.

Lo specchio dice la verità sulla stanchezza spirituale e sugli anni dell'amante, e questi capisce, come risvegliandosi da un sonno profondo, che l'amore non è più una guerra che lui può combattere senza perdere decoro. L'idea del tempo che vola e che tutto sottrae tocca anche Laura, la quale non solo «è sciolta» dalla sua persona terrena, ma anche dalla sua fama: ricordarla in questa situazione estrema è, sì, un ultimo omaggio, ma anche un malinconico addio a tutto ciò che quell'immagine ha saputo svegliare nel cuore dell'amante. Ora vive più che mai la sua parola che diventa una sorta di chiamata, misteriosa ma potente.

Nel sonetto che segue, «Volo con l'ali de' pensieri al cielo» (362), la «parola» di Laura viene articolata in un discorso, e per sua bocca veniamo a sapere che l'amante è veramente mutato:

> Amico, or t'am'io et or t'onoro
> perch'à' i costumi varïati, e 'l pelo (362, 7-8).

L'amante chiede che in cielo gli sia consentito di vedere il volto di Dio e il volto di Laura. Egli ha ormai trovato il modo giusto di amare una creatura di Dio vedendola nell'amore di Dio. Laura non risponde direttamente a tale richiesta, ma dice all'amico che «è ben fermo il tuo destino». Questa certezza coincide con la speranza di salire in cielo dopo la morte. L'unico elemento potenzialmente tragico è che tale certezza non può accorciare l'attesa, e nessuno può predire quanto possa durare; in effetti chi nutre una «speranza certa» vorrebbe distaccarsi dalla vita per realizzarla, ma deve subire un *test* estremo vivendo con il dovere costante di vivere all'altezza del proprio destino e di meritarselo accettando con gioia la privazione temporanea del premio atteso. La Speranza teologale è, appunto, attesa di premio certo, e non già la speranza degli amanti, sempre turbata da incertezze. Ora si capisce come la speranza coincida con la volontà di vivere all'altezza del proprio destino e di dedicare tutto il proprio essere a raggiungere quel Bene. E insieme a quel Bene, o come parte di esso, è garantita anche la contemplazione di Laura: lo si ricorda per sottolineare che anche l'amore, terreno in origine, continua a vivere perché diventa eterno.

La visione di quel Bene eterno nella proiezione del futuro mette in moto l'operazione del pentimento, un sentimento di rimorso per aver perso l'usufrutto di un tesoro impareggiabile per tanti anni. Al tema del pentimento sono dedicati i tre sonetti 363-365. La sequenza degli eventi può sembrare strana: ci aspetteremmo prima il pentimento, quindi l'assoluzione e infine la visione del bene supremo. Ma c'è un motivo per tale deviazione, e c'è anche un modello che può aiutarci a capirlo. Dante si confessa davanti a Beatrice nel Paradiso Terrestre benché gli ostacoli al suo viaggio siano tutti rimossi e tutto lasci prevedere la continuazione del viaggio verso la meta già annunciata fin dall'inizio della visione. Eppure anche lui deve rivedere i propri errori davanti a Beatrice, e deve essere immerso nel Letè e nell'Eunoè prima di essere «puro e disposto a salire alle stelle». La confessione-pentimento di Dante è narrativamente indispensabile perché chiarisce la causa o la colpa che ha originato il viaggio; e lo è perché il pentimento è indice di giudizio sano, ora che l'errore viene riconosciuto e quindi rimosso; infatti un individuo è padrone di se stesso quando è in grado di giudicare la propria vita e di assumersi la responsabilità di ciò che ha fatto: in paradiso sono gradite le persone che vi portano la loro vita e la loro consapevolezza della stessa. Nel *Canzoniere* avviene qualcosa di simile. Il pentimento non è il primo passo della felicità eterna, anche se è un passo fondamentale. Il primo è quello di vedere con l'anima e con la speranza il Creatore, e quindi offrire a lui, come spoglia di vittoria, tutti gli errori della vita, che è come dire l'umanità di chi ha saputo finalmente tornare a lui per averne misericordia. Senza quella visione, da cui scaturisce la speranza e la volontà di vivere il tempo con il desiderio di unirci a Dio, non saremmo in grado di giudicare nel modo giusto il nostro passato. E questo perché la visione del Bene supremo guida la ragione a vedere gli errori del passato, ed è solo alla luce indefettibile del sommo Bene che possiamo giudicare «vani» i dolori sofferti e «vane» le speranze operanti nel passato. In altre parole: il pentimento implica un giudizio di valore, elaborato dalla ragione ma anche dalla coscienza alla quale è delegato il potere di sentire rimorso, potere che alla ragione non è concesso. Pensiamo sempre che il pentimento serva a cancellare un passato; in realtà tende a conservarlo come *memento* della fragilità umana e insieme della sua capacità di vincerla. In questo modo il pentimento cementa l'integrità della persona e ne impedisce la disgregazione. Se in Dante al pentimento succede il bagno nel Letè che rimuove la memoria delle cadute morali, nel *Canzoniere* non si dà tale grazia perché il protagonista vive ancora su questa terra. Egli vuole arrivare davanti al giudizio divino conservando intatta la memoria del suo passato dispersivo, presentandosi nella sua totalità di uomo, quindi di lottatore e di grande atleta che ha saputo vincere l'avversario più difficile che è il proprio se stesso. Dal punto di vista narratologico il pentimento costituisce la materia del *Canzoniere*, ed è indispensabile ricordarlo perché, in quanto vero e sincero, guadagna al peccatore la speranza di arrivare presto alla pace eterna. Non è un caso se l'ultimo sonetto si chiude con il verso

> Tu sai ben che'n altrui non ho speranza (365, 14),

che è una dichiarazione trionfale, di approdo felice come ogni cristiano può volere. Il resoconto della sua esperienza «d'errore» termina qui: l'autore non può e non intende raccontare al lettore quello che vive ormai nel suo animo, perché ciò richiederebbe un'opera di impianto assolutamente diverso. L'impegno che egli sente verso i suoi lettori è legato al fatto che egli sia stato per lungo tempo «gran favola». Per chi lo legge rimane esemplare il fatto che egli abbia raccolto le testimonianze di quegli errori, e che finalmente abbia conquistato quella sanità di giudizio morale che si chiama retta coscienza, perché essa vuole ciò che Dio vuole[6], e perché da essa nasce tutto ciò che di buono l'uomo possa sperare. Si spiega in questo modo il fatto che il *Canzoniere*, pur avendo un significato esemplare, dedichi uno spazio affatto sproporzionato, quasi esclusivo, agli aspetti negativi della storia, alla vita che il protagonista trascorre in errore. E spiega anche il fatto che la *mutatio* abbia un procedere rapido, il che, però, non vuol dire sbrigativo o, peggio, che sia semplicemente un espediente retorico.

Manca però qualcosa. Chiudere una storia con una nota di pentimento, con il riconoscimento che quanto i lettori hanno letto sia tutto da condannare, è come chiudere la storia con un'ammissione di fallimento. Per fortuna il verso che chiude la serie dei sonetti di pentimento si ferma sulla parola «speranza»: senza quella nota, i lettori potrebbero immaginare il protagonista prostrato nel dolore, addirittura in preda alla disperazione,

[6] «Rectum cor habet qui vult quod Deus vult», secondo san Tommaso, *Summa theologica*, I[a], II[ae], 19, 10.

tanto è stato convincente il rimorso. È necessario un congedo diverso per dire al lettore che il «vario stile» e le «sparse rime» sono veramente finite perché è venuta meno la Laura che era la ragione del canto, ed è sopravvenuta una realtà nuova. Un congedo che rassicuri il lettore dicendogli che è nato un canto nuovo di cui lui, «il popol tutto», non sarà più il pettegolo utente.

Ecco, dunque, la Canzone alla Vergine. Con una destinataria nuova e per giunta celeste, il canto deve tenere un modo nuovo: sempre in volgare, sempre in versi, sempre canto d'amore o di lode, ma il genere sarà quello «preghiera», e preghiera molto diversa dalla richiesta d'amore tradizionale che identifica l'oggetto della richiesta con il destinatario. Il fatto che sia una preghiera ha implicazioni decisive nella chiusura del *Canzoniere* e per questo Petrarca la mise come esemplare a sé stante per chiudere un'opera di poesia come la sua. Nella tradizione cristiana una preghiera deve avere sempre almeno due elementi, oltre alla fede nella trascendenza e la natura personale della divinità invocata: uno è la confessione dei peccati, e l'altro è la petizione dell'assistenza divina. In questa canzone sono presenti entrambi. Dopo il pentimento espresso nei sonetti precedenti deve esserci una confessione davanti all'autorità infallibile: non il sacerdote, non i lettori, ma, in questo caso e per i motivi che vedremo, la madre di Cristo. Il *Canzoniere* è pieno di confessioni, ma questa è particolare perché arriva in un momento estremo, e la richiesta è la salvezza eterna nonostante la storia di traviamento raccontata nel *Canzoniere*. Ora, il fatto che questa confessione prenda la forma di preghiera significa che deve seguire delle formule tradizionali perché il rapporto con il sacro va ritualizzato, ossia autenticato dalla tradizione che rende ogni atto ripetibile, e nello stesso tempo integra l'orante nella società che si riconosce in quei riti. Quanto alle formule, molto rimane da studiare – formulaici sono sicuramente l'invocazione iniziale (come ad esempio è «Padre nostro») e gli attributi ricavati dalla dossologia mariana, e forse anche la sequenza delle parti –; ma sembra chiaro che la preghiera reintegri il poeta peccatore nella società dalla quale egli si è separato in occasione dell'innamoramento (distinguendo il proprio dolore da quello «commune», son. 3, 8) e dalla quale è stato deriso. Sembra chiaro che, senza questa confessione «pubblica» davanti a Dio e davanti agli uomini, non sarebbe stato possibile scrivere quel sonetto proemiale indirizzato a un «Voi», cioè a tutti o a una collettività, chiedendo di perdonare il peccatore che ha riconosciuto i propri peccati: la canzone congeda il *Canzoniere*, ma grazie ad essa l'autore può tornare ai suoi lettori per arricchirli dell'esperienza che ha vissuto. Inoltre una preghiera in quelle particolari circostanze conferma che l'amante ha ormai abbracciato la Fede con tutto il cuore e con tutta la mente, e rende anche manifesta la speranza di perdono e di essere accolto fra i beati. In un certo senso è una celebrazione delle certezze raggiunte, anche se il tono non presenta inflessioni trionfali di alcun tipo.

Sono temi sui quali molto rimane da vedere quantunque la canzone abbia suscitato una folta letteratura critica su molti aspetti – la sua posizione nell'opera, il contenuto penitenziale che abbraccia tutta una vita dell'autore, la presenza di una nuova Madonna, le similarità/differenze con la preghiera alla Vergine di san Bernardo nell'ultimo canto del *Paradiso*. Purtroppo dobbiamo sorvolare su quei temi perché la canzone ci interessa principalmente nel contesto della *mutatio* che vogliamo illustrare; e a tale scopo dobbiamo riprendere l'argomento già trattato a proposito del «van dolore».

La canzone è fondamentalmente una supplica alla Vergine perché lo aiuti nell'ultimo passo quando dovrà lasciare il suo «terrestro limo» (v. 116) e si realizzerà la transizione dalla vita corporea a quella del puro spirito, dal tempo all'eterno. Potremmo vedervi una specie di «ars moriendi» che spiegherebbe in parte l'attenzione all'aspetto terrestre e carnale del supplicante, ma anche alla natura umana del figlio della Vergine. Nella canzone le lodi alla Vergine s'intrecciano con le colpe e i bisogni del morituro, e in ogni strofa, infatti, i due temi si affiancano. Le lodi alla Vergine s'incentrano sul suo attributo di madre ricordandone addirittura «il parto» (v. 28 e v. 43), s'incentrano sul ruolo di mediatrice e di consigliera, oltre ai suoi attributi di purezza e di bellezza. Le parti che riguardano l'amante ravveduto enfatizzano la sua umiltà, ossia la più alta virtù cristiana: egli si dice «terra» (v. 13), «sconsigliato» (v. 26), coinvolto in una guerra senza tregue, e viandante su una «torta via» (v. 65). A noi importa rilevare il suo desiderio di essere guardato dalla Vergine con gli stessi occhi che videro il proprio Figlio in croce:

Vergine, que' belli occhi
che vider tristi la spietata stampa
ne' dolci membri del tuo caro figlio,
volgi al mio dubio stato,
che sconsigliato a te vèn per consiglio (22-26),

dove si prelude al motivo che qui ci interessa e che ritorna nella penultima strofa:

Vergine in cui ò tutta mia speranza
che possi e vogli al gran bisogno aitarme,
non mi lasciare in su l'extremo passo.
Non guardar me, ma Chi degnò crearme;
no 'l mio valor, ma l'alta Sua sembianza,
ch'è in me, ti muova a curar d'uom sì basso.
Medusa et l'error mio m'àn fatto un sasso
d'umor vano stillante:
Vergine, tu di sante
lagrime et pie adempi 'l mio cor lasso,
ch'almen l'ultimo pianto sia devoto,
senza terrestro limo,
come fu 'l primo non d'insania vòto (105-116).

Il rilievo dell'analogia col Figlio di Dio, garantita dalla similarità di «sembianza», è un punto cruciale per capire che la *mutatio* ha raggiunto il suo punto più alto rivivendo appieno l'insegnamento di Cristo. L'amante ha capito quel messaggio del «sacrificio di Cristo» che gli era accessibile fin dal primo momento dell'innamoramento, opportunamente ricordato nell'ultimo verso della stanza appena trascritta. Ora l'amante capisce che il vero amore è sacrificio, rinuncia dolorosa al proprio Adamo, al proprio «limo» e a tutto ciò che esso rappresenta. L'amore, insomma, è carità, cioè amore delle creature nell'amore di Dio. Questa è la lezione di Cristo che per amore del Padre e degli uomini si sacrifica «per te il tuo figlio, et quel del sommo Padre, / o fenestra del ciel lucente altera, / venne a salvarne in su l'estremi giorni» (vv. 30-32). È un amore che conosce con gioia l'umiltà più profonda, quello stesso «che fece il peccar nostro / prender Dio, per scamparne, / humana carne».

In questo contesto riappare Laura in modo non prevedibile, visto che il proscenio è tutto della Vergine, e soprattutto perché è stata lei a causare una vita di errori. Viene menzionata quando l'amante ricorda che, dal momento della sua nascita in Arno, la sua vita non è stata altro che affanno; e questo perché «Mortal bellezza, atti et parole m'ànno / tutta ingombrata l'alma». Il riferimento a tutta un'esistenza sottolinea la tenacia di tanto amore per un bene caduco. È un ricordo che ci riporta alla concretezza della storia del peccatore, e, contrariamente a quanto si crede, serve anche ad esonerare Laura:

> Vergine, tale è terra, et posto à in doglia
> lo mio cor, che vivendo in pianto il tenne
> et de' mille miei mali un non sapea:
> et per saperlo, pur quel che n'avenne
> fôra avenuto, ch'ogni altra sua voglia
> era a me morte, et a lei fama rea (vv. 92-97).

Laura era una creatura mortale e ora è «terra» come era in origine; eppure aveva la sublime purezza delle creature alle quali è riservato il paradiso. L'amante non ha saputo leggere il messaggio della sua presenza perché, essendo egli «terra», l'ha amata come «terra». La chiama «Medusa» ed è sembrata accusa gravissima:

> Medusa et l'error mio m'àn fatto un sasso
> d'umor vano stillante (vv. 101-102).

La Medusa è certamente Laura, però è la Laura che l'amante vede e non quella reale. È vero che la Medusa è un mostro, ma non è verosimile che in questo momento estremo di pentimento esista una *deprecatio* così forte e dotta per giustificare il proprio peccato[7]. Il peccato è tutto nell'errore di prospettiva, cioè *a*

[7] L'idea di un vero ripudio è sostenuta, tra gli altri, da Guglielmo Gorni, *Petrarca Virgini (Lettura della canzone CCCLXVI)*, in «Lectura Petrarcae», VII, 1987, pp. 201-218; spec. p. 212. Si veda anche Kenelm Foster, *Petrarch. Poet and Humanist*, Edinburgh, Edinburgh University Press, 1984, pp. 87-89. Più cauta è Pamela Williams, *Canzoniere 366: Petrarch's critique of Stoicism*, in «Italian Studies», 51 (1996), pp. 27-43, part. p. 31. L'articolo della Williams è ricco di spunti che in più d'un caso coincidono con argomenti da noi trattati; tuttavia la sua tesi generale va in direzione molto diversa da quella qui seguita.

parte subjecti, e non è da escludere che «Medusa ed errore» formino un'endiadi. Laura dunque non scompare alla fine del *Canzoniere*, ma ora la si vede come origine dell'errore compiuto dall'amante; il che, però, non costituisce colpa per lei[8]. Lo prova il fatto che, non essendo più terra, ha potuto dire al cuore del suo amante parole salvifiche e persuasive come nessun altro è riuscito a fare, neppure il sommo Agostino. È vero semmai che non ha più tanto spazio nella vita dell'amante in quel particolare momento tutto impegnato dal pentimento, anche perché la speranza di andare in paradiso implica la gioia di vedere la sua Laura tra i beati. Adesso tutta la tensione dell'amante si concentra su se stesso, sotto gli occhi della Vergine. Non è un caso se proprio nella conclusione figuri la parola chiave che stavamo cercando: la parola «consciëntia», messa in forte risalto anche dalla grafia latineggiante:

Il dì s'appressa, et non pote esser lunge,
sì corre il tempo et vola,
Vergine unica et sola,
e 'l cor or consciëntia or morte punge.
Raccomandami al tuo Figliuol, verace
homo et verace Dio,
ch'accolga'l mio spirto ultimo in pace (131-137).

Ora che Petrarca ha trovato il proprio essere e può dirsene signore, vuole essere raccomandato non a Dio, ma a quella persona divina che ha preso forma d'uomo, cioè a Cristo, «verace homo et verace Dio» perché a questo più che ad altri rassomiglia l'uomo capace di amore-carità, di amore-sacrificio, e l'uomo che sa di essere chi è perché conosce se stesso. Egli confessa a se stesso come ha vissuto, e ha per giudice la propria coscienza e un giudice che sa leggere in essa. Questi non è la Ragione che non sa risolvere «una lite»

[8] Il fatto che Laura appaia nel *Triumphus Eternitatis* ha creato le basi per la tesi secondo cui Petrarca avrebbe posto in quell'incontro la chiusura alla sua storia d'amore che non era riuscito a dare al *Canzoniere*. Molto più verosimile, però, è che in quella visione – tra l'altro profetica e senza un vero «trionfo» o processione – Petrarca abbia voluto creare un'unione «figurale», una proiezione nell'eterno della sua storia d'amore con Laura, una storia d'amore senza più tempo e senza più conflitti.

dell'anima, ma è il Signore misericordioso che non evade il proprio compito e che assolve chi a lui si confessa con animo sincero. E non sfugga il fatto che il protagonista arriva alla pace nel momento in cui è più piena la sua natura umana: corpo e intelligenza, doni entrambi del Creatore, e ora tornati a Lui con la consapevolezza di non averne fatto l'uso migliore, e, proprio per questo, possono diventare il dono migliore che gli si possa fare. Non sfugga questo fatto perché la fine del *Canzoniere* non conosce un protagonista che arriva al *cupio dissolvi* mistico, bensì un protagonista che si conquista la propria identità, la propria coscienza, e la protegge integra perché è il dono più alto che gli sia stato fatto dal Creatore. In questo senso la preghiera alla Vergine è già un canto «umanistico» alla *dignitas hominis*, e il motivo della terrestrità e della maternità e della corporeità che la pervade ne offre una conferma.

Ora il *Canzoniere* può dirsi veramente concluso con una vittoria che il bifronte sonetto proemiale lasciava intuire: il suo protagonista può parlare ormai come da un altro piano di conoscenze, come un uomo che ha superato le tentazioni del mondo e ha saputo riempire il proprio cuore di un amore nuovo e creatore di energie che quanto più si spendono tanto più crescono. L'opera si chiude con la parola «pace»; e così come la *Comedìa* si chiudeva identificando «desio e *velle*» nel momento in cui raggiungono il loro fine, cioè Dio, e riposano in lui, così anche Petrarca aspira al riposo della volontà che vuole solo ciò che ha desiderato e che infine ha ottenuto. È una pace in cui volere e potere finalmente sono identici e non dilaniano più la persona portandola in direzioni opposte. È una pace ottenuta dopo una lotta strenua ed estenuante, destinata a protrarsi per un tempo indefinito; e se arriva a concludersi non è perché il combattente lasci il campo di battaglia per raccomandarsi a Dio – è l'interpretazione di coloro che vedono nella conclusione del *Canzoniere* un ripiego di matrice retorica – quanto per il fatto che questi modifichi la propria strategia di lotta, portandola tutta nel suo mondo interiore perché per vincere bisogna conoscere prima di ogni altra cosa il campo nel quale si combatte. Il giudice finale sarà allora la coscienza, la quale è la sola in grado di stabilire se il vincitore ha raggiunto la felicità o «la pace dell'anima».

Il termine «coscienza», usato spesso in queste pagine, ha un significato che richiede chiarimenti perché una volta ne abbiamo parlato come il fine della ricerca di Petrarca, un'altra come origine della vergogna e della volontà, una volta come il centro dell'essere morale, e poi ancora come rimorso e come giudice ... insomma, è meglio precisare, perché è nozione che sembra avere un ruolo importantissimo nella psicologia petrarchesca. Il termine appare alla fine della Canzone alla Vergine:

> e 'l cor or conscientïa or morte punge,

dove ha il significato di «rimorso» nato dalla perfetta cognizione e valutazione morale della propria vita. Il termine rimarrebbe un *hapax* nella produzione in volgare petrarchesca se non fosse per un'altra occorrenza nel *Triumphus Eternitatis*:

> Fia ogni conscïenza, o chiara o fosca
> dinanzi a tutto il mondo aperta e nuda (v. 110-111)[9],

dove sta col suo significato primario di «sfera dell'interiorità» o «intimità». La coscienza sarebbe qualcosa di occulto o di segreto che un individuo racchiude nel petto, ed è occulta non necessariamente perché gli uomini la nascondono bensì perché non è facile neppure per loro identificarla e conoscerla: infatti conoscendola si arriva a conoscere la radice di se stessi. E questo perché la coscienza si può definire come un rapporto dell'anima con se stessa, come il punto d'incontro o di relazione intrinseca fra la vita interiore o spirituale e il suo giudizio sulla vita pratica; in virtù di questa relazione l'uomo può conoscersi in modo immediato e ha la possibilità di giudicarsi in modo infallibile.

La definizione[10] fa sembrare il tutto semplice da capire, però è tutt'altro che semplice in quanto non è facile conoscere il

[9] Si cita dall'ed., *I trionfi, Rime estravaganti, Codice degli abbozzi*, a cura di Vinicio Pacca e Laura Paolino, Milano, Mondadori, «I Meridiani», 1996, p. 532.

[10] Sulla «coscienza» si veda Ugo Dotti, *Petrarca e la scoperta della coscienza moderna*, cit., dove però «coscienza» è intesa grosso modo nel senso di «voce della storia» o di «consapevolezza storica dei propri tempi». Non è di aiuto per il nostro problema il classico Erich Neumann, *Storia dell'origine della coscienza*, Roma, Astrolabio, 1978 (l'originale tedesco, *Ursprungsge-*

nostro mondo intimo e tanto meno ascoltarlo. Se sembra facile è perché della coscienza si può parlare come «consapevolezza di esistere» che si dà anche al livello fisico o corporale. Infatti sentiamo di esistere quando reagiamo a uno stimolo esterno (una voce, un urto, e simili), e anche quando avvertiamo l'insorgere di un sentimento che vuole tradursi in atto pratico, quando ci accorgiamo che la volontà esita, o quando una funzione fisiologica di cui siamo normalmente inconsapevoli (ad esempio la circolazione del sangue) conosce una deviazione dalla norma. Questo sentire è una appercezione, una intuizione del nostro essere in quanto corpo. Ma non è questa «coscienza psicologica» che ci interessa per il momento. Ci interessa invece la coscienza in quanto centro della vita spirituale e della vita morale della persona. E anche questo tipo di coscienza, che possiamo chiamare «morale», presenta maggiori complessità di quella fisica, poiché implica il coinvolgimento della sfera teoretica per formulare il giudizio sull'atto pratico.

Tutte le creature, anche le più malvagie come Caino, hanno in loro una *sinderesi* o *scintilla conscientiae*, ossia una nozione primaria di Bene senza la quale non potrebbe costituirsi alcuna morale. Ma poi le esperienze, gli studi, le conoscenze di ciascuna persona allargano il sistema deontologico alla luce del quale si giudicano le attività della nostra anima, si pone freno e regola a esse, si stimolano e si cerca di renderle sempre congrue con le circostanze in cui capita di esercitarle... insomma la coscienza è il punto nevralgico della nostra vita spirituale nel momento

schichte des Bewusstseins (Zürich, Rascher), è del 1949. Più pertinente al nostro argomento è la letteratura sul tema «conosci te stesso», di cui sono indispensabili Étienne Gilson, il capitolo XI, *La connaissance de soi-même et le socratisme chrétien*, del suo *Esprit de la philosophie médièvale*, Paris, Vrin, 1944[2], pp. 215-233 (la prima ed. del 1932 non ha questo capitolo); ancora più specifico sul problema della coscienza è il capitolo XVII, *Intention, conscience, obligation*, pp. 324-344, e per la coscienza in particolare, pp. 330-338; Pierre Courcelle, *Connais-toi toi-même de Socrate à Saint Bernard*, Paris, Études Augustiniennes, 1974; e specialmente Arnaud Tripet, *Pétrarque ou la connaissance de soi*, Genève, Droz, 1967. Sulla nozione di coscienza nel senso qui trattato riesce di qualche utilità Timothy C. Potts, «Conscience», capitolo in *The Cambridge History of Later Medieval Philosophy*, edited by Norman Kretzmann, Anthony Kenny, Jan Pinborg, Cambridge, University Press, 1982, pp. 687-704.

in cui viene a tradursi in atto pratico. Data la sua complessità e il numero pressoché infinito di manifestazioni, dalla volontà alla vergogna, dal coraggio alla rinuncia, essa imprime un carattere alla nostra persona tanto che sarebbe possibile farne una chiave di lettura di una determinata «personalità». In effetti la coscienza personale è affatto inalienabile: si pensi soltanto che un'azione può essere giudicata come non buona da molte persone (la ragione è uguale per tutti), ma a sentirne il rimorso o la vergogna può essere solo chi la compie. E proprio per questo la vergogna che affonda le radici nella coscienza più profonda è molto diversa da quel sentimento che fa arrossire, e che presto si dissipa: è una vergogna di dimensioni esistenziali e che, se non è virtù, nasce senz'altro a fianco ad essa. Di questa vergogna si parla nel primo sonetto; e ora capiamo perché Petrarca la consideri, sulla scia dell'etica romana, un segno certo di virtù che gli accattiva la *benevolentia* dei lettori.

Il problema maggiore legato alla coscienza riguarda l'origine dei valori o delle leggi che essa segue o che cerca di seguire o di applicare. Essi vengono dall'alto, non necessariamente da Dio. Il dovere di amare i genitori sembra venire dalla natura, e in questo caso siamo davanti alla «sinderesi»; ma il dovere di rispettare una legge civile non ha un'origine naturale, e può essere un valore «appreso» in quanto avrebbe un'origine culturale che i cittadini apprendono al punto da farsene un *habitus*. Le virtù cardinali ci indicano i doveri, ma la loro origine è solo in parte naturale. Le virtù teologali hanno origine divina e sono per questo «infuse», ma anch'esse costituiscono «valori» che entrano nel dominio della coscienza, alla quale spetta una valutazione (un modo di sentire, più che un «giudizio razionale»), sulla maniera e sulla misura che teniamo nel renderle attive. Le virtù, di qualsiasi origine esse siano, vengono a formare un *habitus*, ossia diventano un fattore permanente nel nostro modo di essere, e chi possiede una virtù le possiede tutte, come afferma lo stesso Petrarca, echeggiando maestri antichi[11]. In quanto *habitus* le virtù entrano nella sfera dell'interiorità dove vengono assimilate fino al punto da operarvi senza che chi le

[11] Cfr. Cicerone, *Tusculanae*, III, 8, 17, e Petrarca, *De remediis*, I, 122, citato *supra*, nota 5.

utilizza ne sia sempre consapevole. Un individuo può essere temperante perché ha acquistato l'*habitus* della *temperantia*; può essere giusto in quanto ha assimilato la virtù della *justitia* fino a costituire una sua seconda natura; lo stesso si può dire della Fede e delle altre virtù teologali: quell'individuo le mette in pratica senza valutare razionalmente se le stia applicando o meno. Per capire meglio questa nozione si può ricordare quella di eleganza elaborata da Castiglione: l'eleganza è un *habitus* o un modo del nostro essere che viene acquisito con lungo studio, e col tempo diventa una seconda natura tanto che chi la pratica non è consapevole di farlo; ma se in qualche occasione costui opera in modo non elegante, il suo «senso di eleganza» glielo fa notare. Ora la valutazione del nostro operare s'accompagna sempre a ogni nostra azione, solo che la funzione del giudizio non è svolta dalla ragione bensì dalla coscienza, quella facoltà che vigila costantemente per dirci se un'azione è buona o cattiva. E non ce lo dice in termini razionali, ma lo traduce in termini e gradi di felicità: se un'azione non mi crea rimorsi, vuol dire che ho operato secondo i valori impressi nella coscienza; se mi muovo verso un fine e non sospetto che sia un fine poco consono ai valori della mia coscienza, significa che la mia volizione è ben indirizzata. Nella coscienza, infatti, si deve cercare l'origine misteriosa della volontà, perché la coscienza ci dice quasi al livello istintivo cosa può renderci felici e cosa no, e in questo modo motiva l'appetizione verso il bene, cioè la volontà buona; e nella coscienza bisogna cercare l'origine della vergogna e del rimorso perché è essa a dirci se abbiamo operato in accordo con il nostro essere, con il sistema di valori impresso nell'intimo della nostra anima. La coscienza può entrare in discordia con la ragione, la quale è anch'essa giudice del bene e della nostra felicità, ma può essere offuscata e sviata dalla presenza di «falsi beni»: la ragione, insomma, può ingannare, come si può vedere da tutti i filosofi che hanno fatto della ragione il fine e l'oggetto del sommo bene, mentre la coscienza non inganna mai, il suo giudizio è infallibile perché risponde con una reazione e non con un vero giudizio; essa è la sola che possa dire «ita est», che è un'approvazione insieme razionale e sentimentale. Il dissidio interiore di Petrarca sta in gran parte nello sfasamento fra coscienza e ragione, e la ricerca della sua coscienza o interiorità risponde al desiderio di trovare la pienezza del proprio essere che non può essere altro che l'integrazione perfetta di sentimento e intelletto: è una pienezza che gli prospetta la coscienza perché tale integrazione significa la felicità, la pace dell'anima. E non a caso il *Canzoniere* si chiude con la parola «pace»:

Raccomandami al tuo figliuol, verace
homo et verace Dio,
ch'accolga'l mio spirto ultimo in pace (366, 135-137),

pace che non è solo quella eterna, ma la conquista della *plenitudo* del proprio essere, una pienezza che rende l'uomo degno di presentarsi davanti al Creatore con tutto il cuore e con tutta la ragione.

Ora, se la coscienza dovrebbe guidarci alla felicità, perché non agisce fin dal momento in cui avviene l'innamoramento? Ciò accade perché la coscienza è una voce che anch'essa può venire fraintesa e turbata da altre voci. È facile confondere i segni di felicità che provengono da altre fonti, magari fisiche, o anche da esperienze intellettuali, come la scoperta di una verità o di un beneficio ricevuto o fatto. Pertanto bisogna saper identificare la voce vera nel coro di altre voci; e a questo fine occorre «saper ascoltare» la coscienza più che «trovarla»: essa sta in ognuno di noi, per cui il modo di trovarla è guardarsi in quel profondo dell'anima che rimane spesso inesplorato perché gli occhi vagano altrove. Le meditazioni di Petrarca nel silenzio dei boschi erano occasioni che propiziavano tale ascolto; se poi egli ascoltò altre voci, non fece altro che perpetuare la sua irrequietezza e la sua infelicità. E quando arrivò a sentire la voce della coscienza senza inframettenze, allora sentì, nel profondo del suo cuore, la vergogna di cui parla nel proemio: la ragione gli aveva detto varie volte che sprecare la vita era un peccato, ma ora solo la coscienza, che è esclusivamente sua, gliene fa sentire dolore, rimorso e la più profonda vergogna.

Niente di tutto questo sarebbe venuto alla luce se la causa prima non fosse stato l'amore per Laura. E questo perché l'amore è un fenomeno complesso che coinvolge ragione e coscienza, corpo e anima. Essendo un sentimento fortissimo, suscita in chi si innamora un'immediata consapevolezza di «esistere» o di essere; e siccome è di origine esteriore, dovrebbe coinvolgere la «psicologia fisica»; ma in realtà mette in movimento tutto il complesso mondo interiore impegnando l'anima con desideri e impegnando anche la ragione, chiamata in causa perché l'oggetto dell'amore le si presenta come un sommo bene: l'amante che riesce a conquistare l'amata crede di aver raggiunto il bene più alto. Da questo nascono tante confusioni e tante soluzioni che spiegano in buona parte la storia della poesia d'amore precedente a Petrarca alla quale egli si rifà apportandovi un profondo contributo innovativo. Vale la pena rivedere brevemente come questa storia si sia svolta, anche perché consentirà di «collocare» il *Canzoniere* nella storia del genere al quale appartiene.

Per iniziare la nostra rapida perlustrazione è utile prendere le mosse dai trovatori i quali legarono l'amore al discorso etico, sostenendo che l'amore causi virtù: affermazione che assicurò alla poesia amorosa una durata plurisecolare e un'esclusiva a scapito di altri *magnalia* poetici. Non mancarono i contestatori di una tesi tanto nuova. Fra questi annoveriamo un conoscitore di filosofia come Andrea Capellano, per il quale l'amore-passione non può essere causa di virtù, dal momento che questa nasce solo dalla ragione, ossia dalla retta cognizione del bene. Il suo *De amore* è stato letto come un *vademecum* dell'amore cortese e ciò ha creato infinite confusioni perché è piuttosto un *vade retro*, una condanna dell'amore-passione, accettabile solo a patto che il sacramento del matrimonio lo sacralizzi[12]. In Italia il nesso amore-virtù e quello ad esso legato di amore-poesia conosce un contestatore del livello di Guittone: egli sostiene che la giustizia e non l'amore sproni alla virtù, e quindi a essa spetti il compito di reggere il timone della grande poesia. Dante – anche in questo avverso a Guittone – riprende invece la lezione dei trovatori e mantiene il legame causale tra amore e virtù, ma lo sottopone a notevoli adattamenti: in un primo momento diserotizza l'amore-passione trovando nella «loda» la forma dell'amore puro; ciò gli facilita il passo successivo di far coincidere l'amore puro con l'amore della *scientia* o del

[12] Per la lettura del *De amore* di Andrea Capellano, mi permetto di rimandare al mio *Andreas and the Ambiguity of Courtly Love*, Toronto, Toronto University Press, 1998.

sapere o della filosofia; e ciò gli consente, anzi gli impone, di compiere il passo ulteriore e finale di elevarlo ad amore della *sapientia* (Beatrice-teologia) che ha per fonte la *caritas* o l'amore di Dio. Naturalmente non si tratta di semplici formule o di esercizi intellettuali. Alla base di quel processo sta la nozione che l'amore non sia una «sostanza» bensì «un accidente in sostanza», secondo quanto egli afferma nella *Vita nuova*, venendo a negare che esista un «dio d'amore» come volevano i trovatori, e a sostenere che l'amore sia «esperienza» in quanto Beatrice «è donna vera», e non una finzione come le donne dei trovatori, tutte simili tra di loro e tutte senza nome. È un'affermazione di portata epocale alla quale si può far risalire la nascita della lirica moderna, almeno nel senso di canto a base autobiografica. Beatrice è fin dall'inizio un'epifania, una rivelazione di veri la cui progressiva scoperta dura per tutta l'esperienza intellettuale di Dante: per questo Beatrice è sempre presente nel corso della vita di Dante le cui opere affabulano la graduale rivelazione e interpretazione di quel bene miracolosamente apparsogli già nell'adolescenza. L'amore segue l'intelligenza del bene, e insieme determinano la vita intellettuale di chi persegue l'uno nell'altra[13].

In questo modo Dante rispondeva a Cavalcanti, suo primo amico e contestatore anche lui di chi affermava che l'amore-passione causi virtù. E che contestatore! Come può lui, filosofo, parlare del suo amore? Da filosofo, e quindi da utente per antonomasia della ragione, egli non può parlare della sua donna perché la ragione non può conoscerla, dal momento che per riceverla nell'intelletto possibile deve prima ricondurla a un «universale» o a un'idea di donna, e così privarla delle sue qualità individuali. Egli non può neppure parlare di se stesso come innamorato per lo stesso impedimento conoscitivo: per potervi riuscire dovrebbe privarsi di tutti gli attributi individuali perché la ragione può conoscere solo per universali. Egli può conoscere l'oggetto del suo amore e la sua situazione d'amante

[13] Per le idee esposte in questo paragrafo si veda il mio *Dante e i trovatori*, in *Le culture di Dante. Atti del quarto Seminario dantesco internazionale. Dante International Seminar* (University of Notre Dame, Ind., 25-27 settembre 2003), ed. by Michelangelo Picone *et al.*, Firenze, Cesati, 2004, pp. 93-103.

solo come poeta in quanto la poesia consente di conoscere per particolari e per individui. S'è scritto molto sulla filosofia di Cavalcanti – filosofia che trova un discorso organico solo in *Donna me prega*, tutt'ora oscura nonostante le ripetute analisi – e non si capisce come questa filosofia influenzi il resto della sua poesia, eccetto che per la menzione degli «spiritelli» e qualche immagine relativa alla luce. La cosa più importante che si legge in quella poesia filosofica è che all'intelletto possibile non arrivino le *intentiones secundae* o immagini individuali, e da questo nasce quel duplice fallimento gnoseologico esperimentato dall'autore, insieme filosofo e innamorato. Egli può vedere soltanto da poeta la guerra dei suoi spiritelli e il deserto che la folgorante e istantanea visione della sua donna gli lascia nel cuore; può descrivere con lucido disincanto la distruzione che quella luce ha portato nell'oscurità del suo cuore; egli è come stordito, anzi reso insensibile fino al punto che può addirittura convocare la donna a vedere la distruzione che lei gli ha causato nell'intimo del cuore. Nasce da questo la grande poesia cavalcantiana dal tono elegiaco, dalle lucide anatomie del proprio mondo sentimentale; da lì attinge la linfa quel patetismo unico della sua musicalità e delle sue ballate. Il suo senso di fatalità e l'adesione a una filosofia che non consentiva all'intelletto di conoscere l'individuo (questa possibilità verrà aperta da Ockham) non gli permise di andare oltre e di scoprire nell'interiorità il mondo della coscienza, la vera chiave della moralità[14]; né glielo consentiva il suo materialismo.

Cavalcanti è senz'altro il primo poeta dell'interiorità; senza di lui probabilmente Dante e Petrarca sarebbero stati poeti diversi da quelli che conosciamo. E se Dante trovò un modo originalissimo di chiudere la via a quell'interiorità per guardare alla limpidezza estasiante dei veri celesti, Petrarca imboccò con decisione quella via che Cavalcanti aveva percorso solo fino a trovare il suo cuore distrutto; Petrarca andò oltre, e nella sua tormentata e «frammentata» interiorità interrogò e infine seppe ascoltare la propria coscienza, e così fece un passo ulteriore e decisivo nella genesi della lirica moderna.

[14] Per questi aspetti della poesia cavalcantiana rimando al mio *Cavalcanti e la rappresentazione*, in «Critica del Testo», 4 (2001), pp. 41-57.

Egli problematizzò il suo amore in modo nuovo che non era più quello di considerare l'amore come causa di virtù alla maniera dei trovatori, ed era nuovo anche rispetto a quello stilnovistico e dantesco. Il rapporto amore-virtù o amore-ragione aveva un *quid* da circolo vizioso perché la virtù non era nella posizione di giudicare ciò che l'aveva prodotta, e in questo vizio si ragionava di virtù senza indicarne il vero fine, ossia la felicità – il *joi* dei trovatori non è appunto la felicità spirituale. Petrarca uscì a grande fatica da quel circolo, e per riuscirvi tentò in un primo momento di vedere l'amore nel contesto di altri valori che gli venivano dalla sua cultura, valori che nel complesso potremmo chiamare stoici. Dominava fra questi il senso del tempo davanti al quale l'amore per una donna appariva relativo e caduco; e se l'amore per Laura veniva inteso come amore di gloria, il fattore tempo conservava la stessa funzione corrosiva, e il senso dell'effimero diventava fonte di irrequietezza e di insoddisfazione. Se il cuore e la tradizione poetica dicevano che la donna amata rappresentava il bene più alto, la ragione scopriva l'inganno di quella rappresentazione perché quel bene dipendeva strettamente dalla donna che poteva o non poteva riamare. Se decideva di abbandonare un amore che lo faceva soffrire, trovava impossibile persistere in tale proposito, e magari il giudizio gli ricordava quanto fosse debole la sua volontà. Se l'urgenza della passione lo sopraffaceva, sentiva che la ragione non poteva realmente aiutarlo a domarla e gli consigliava un rimedio radicale come la fuga che però era come una fuga da se stesso. Se sentiva gelosia o estasi o timori di vario tipo, avvertiva una voce che lo richiamava ad amori più alti e più felici. Se sperava sapeva anche di non poter contare di vedere mai realizzato il suo desiderio. Se soffriva, sentiva che quel dolore non gli avrebbe fruttato niente. Se eccedeva in qualche desiderio o atto sentiva quella vergogna che non dipendeva tanto da un giudizio razionale sulla correttezza o meno d'una azione, ma dal sentire che quel fare non si confaceva al suo essere, alla sua personalità morale. Se si pentiva risolveva ben poco perché si trattava di un pentimento più immaginato che sentito. Se sapeva di errare, sentiva anche la dolcezza dell'errore... insomma, la ragione indicava soluzioni insoddisfacenti, spesso con risultati peggiori dei mali che cercava di sanare. La ragione crea una continua crisi, un *dragmaticon* di desideri e controlli che frustrerebbero il più saggio degli antichi stoici. E filtrato da quella crisi si percepisce, sepolto nel suo cuore, un mondo che offre il campo a tutta un'archeologia del proprio essere, con una catena di imperativi che pervengono al suo orecchio attutiti, e a lungo andare lasciano intuire che un giorno verranno ascoltati. Il *Canzoniere* nella sua irrequieta immobilità, nel suo procedere lentissimo sembra muoversi verso un fine che diventa sempre più un miraggio. Nel complesso lo si direbbe un laboratorio affascinante dove si costruisce giorno per giorno il regno vastissimo di un'interiorità senza precedenti paragonabili, dove moti d'animo in direzioni diverse interferiscono l'uno con l'altro e talvolta si alleano fra di loro; un laboratorio che produce anche molteplici controlli e divieti perché quel mondo interiore non esca all'aperto, e insieme desideri e frustrazioni rendono accidentatissimo un vivere improduttivo o che produce soltanto un essere problematico. Le opere latine di Petrarca hanno esplorato il mondo dell'interiorità, ma solo il *Canzoniere* ha saputo dire come vive realmente un'anima, quante tentazioni e quanti ostacoli la fanno vivere; e niente più dell'amore per una donna può mettere in evidenza i labirinti, le contorsioni, le razionalizzazioni, le tensioni nel tempo che rendono inesauribile la vitalità del regno interiore. Bisogna anche aggiungere che la natura «frammentaria» dell'opera rispecchia un mondo interiore frammentato, di ripetute esperienze e occasioni, che non si costruiscono facilmente in un discorso, come materia, appunto, da trattato morale.

Ora in quella selva di valori e controvalori, di doveri e di istinti, si fa strada lentamente il sistema dei valori religiosi guidati dalle virtù infuse, la cui presenza non era mai stata assente ma rimaneva in penombra quando il giudizio sembrava delegato ai valori «stoicheggianti» o razionali. Quando diventa chiaro che quei valori non riescono a dare un orientamento decisivo a quel mondo interiore, allora intervengono le virtù infuse che proiettano sotto una luce diversa quel mondo interiore e lo fanno muovere verso una situazione in cui le energie e le contraddizioni si compongono. Ora, trovato un nuovo e altissimo amore, la volontà guarisce, la speranza rincuora, la vergogna scompare, Laura rimane sempre la donna amata, ma è cambiato il modo di amarla. La coscienza gli dice che per lui è arrivata la felicità, ossia la perfezione spirituale, lo stato in cui la volontà s'associa al desiderio e insieme procedono all'azione con l'assenso del giudizio senza suscitare dubbi o resistenze. La coscienza non detta le proprie leggi, ma esiste per accertarsi che vengano eseguite; e le leggi che le vengono dalla *scientia* e dalla *sapientia* hanno una forza tale che obbliga chi le pratica ad accettarle con gioia e a stringersi ad esse con legami che resistono a ogni tentativo di separazione. La coscienza sa *instigare*, *remordere et defendere*, come dice san Tommaso indicandone il complesso delle funzioni: da essa nasce la volontà retta, il rimorso per l'errore, e l'assenso per ciò che facciamo bene[15]. *In interiore hominis* si scopre l'insostituibile tesoro del se stesso che può produrre mali se non lo si conosce sotto la luce giusta. E l'uomo che arrivi a conoscersi non deve rinunciare alle lettere o alla gloria o ai beni terreni perché sa contestualizzarli e gerarchizzarli in una scala di valori alla cui sommità sta quel Bene che per questo, appunto, si chiama «sommo». Il supposto «rigorismo» agostiniano, invocato a spiegare la pressione ascetica che spinge a rinunciare all'amore di Laura, non rinnegava i beni dati dalla Provvidenza perché gli uomini ne facessero un «uti»; contestava soltanto che di quei beni si facesse oggetto del «frui». Non esistono due anime nel Petrarca, ma una sola di cui la parte rivolta ai beni terreni si completa nell'altra integrandosi in un'unità senza dissidi.

I trovatori avevano visto nell'amore che nasce dal cuore l'origine e la misura delle virtù; Petrarca ne fa una guida alla scoperta dell'io, di un essere che non si cura tanto di vivere con *mezura* quanto invece di vivere come unità di sapere e di volere, in piena armonia con la legge che, venendo dall'alto,

[15] «Secundum enim quod applicatur scientia ad actum ut dirigens ipsum, secundum hoc dicitur conscientia instigare vel inducere, vel ligare, secundum vero quod applicatur scientia ad actum per modum examinationis eorum, quae iam iacta sunt, sic dicitur conscientia accusare vel remordere, quando id, quod factum est, invenitur discordare ad scientiam, ad quam examinatur, defendere autem vel excusare, quando invenitur id, quod factum est, processisse secundum formam scientiae», *De veritate*, 17, 1 [«A seconda che la scienza si applichi all'azione per dirigerla, si dice che la coscienza induca o che obblighi; a seconda che si applichi ad esaminare le azioni fatte, si dice che la coscienza rimorda quando il fatto si discosta dalla scienza alla luce della quale si esamina; e si dice che difende e assolve quando si trova che l'atto sia stato fatto a norma di scienza»].

raggiunge il fondo dell'anima. Egli opera un mutamento di rotta che può esser considerato una svolta copernicana perché rivolge la vista dalle bellezze esterne all'enorme potenziale di forze che sta nell'intimo del cuore e la cui conquista è la sola a poter dare un'ombra della felicità celeste che consiste nella *plenitudo* dell'essere. Petrarca innesta la tradizione cortese dell'amore-virtù in una ricerca che realizza una delle forme più alte del «socratismo» cristiano, ossia quella ricerca dell'unità e irripetibilità di ogni individuo come essere morale al quale è dato pregustare il sapore della beatitudine eterna quando arriva a trovare nel proprio intimo l'immagine del nostro Creatore e, insieme, la misura giusta di ogni amore terreno. La ragione ha guidato la prima parte di questa ricerca, ed è stata la più lunga; ma poi l'ultimo passo, brevissimo, l'ha guidato un altro modo di pensare che si lascia dietro il mondo dell'*honestum* e approda a quello del Bene eterno. Alla fine, sant'Agostino ha avuto ragione! Ma, come abbiamo appreso, le verità impartite non contano quanto quelle sofferte e conquistate con l'esperienza. Petrarca pensava di poter vincere l'*aegritudo* che lo tormentava facendo ricorso alla ragione, ma questa riusciva solo a fargli vedere i due *honesta*, uno della virtù e l'altro di un amore terreno che nel corso del tempo viene purificato e trasformato in valore da perseguire per se stesso senza alcun altro fine. Sennonché, come insegna Cicerone nella parte finale del *De officiis*, la compresenza di due *honesta* genera controversie insolubili. Petrarca visse una simile controversia come solo lui sapeva viverla e ne ricavò materia letteraria per costruire una biografia esemplare in cui il protagonista affronta le passioni terrene con la saggezza dello stoico. Quelle passioni sono l'amore casto per una donna e l'amore della gloria, valori certamente nobilissimi ma non compatibili con la serenità che la saggezza stoica promette; e la controversia non conosce soluzione. Ma quella figura esemplare letteraria, oggettivando la controversia, finisce per mettere in evidenza non solo le cause della malattia ma anche a indicarne il rimedio: questo potrà venire soltanto col superamento della ragione ma non abbandonandola bensì cercando di inverarla con ciò che le sta sopra, ossia con quel sistema di valori soprarazionale che si chiama Fede. Tale rimedio è agevolato dalle parole che Laura gli rivolge in sogno e il cui senso era già presente nel fondo della memoria grazie all'insegnamento di Agostino. Il passaggio da un livello all'altro è tanto più straordinario quanto più prende le apparenze di quella normalità che si dà quando le cose si presentano con l'ovvietà di ciò che era prevedibile ma è stato per molto tempo ignorato. L'episodio del pentimento, che l'autore costruisce al momento della redazione suprema del *Canzoniere*, coincide con l'intelligenza della soluzione che la storia gli suggeriva da molto tempo e che lui s'era rifiutato di accettare. La sua vita di amori e di passioni gli aveva dato materia per la costruzione letteraria di un personaggio esemplare; ora l'episodio del pentimento mostra che la letteratura può dare nutrimento e direzione alla vita. Il *Canzoniere* è la storia idealizzante di un'anima, e quella costruzione imbevuta di letteratura e mitopoiesi diventa alla fine il «fidato specchio» nel quale il protagonista può vedere lucidamente il proprio male e procedere a curarlo. I pezzi per il rimedio sono già tutti presenti; bisogna solo disporli in un ordine nuovo per costruire una figura «altra» da quella riflessa in quel fedelissimo specchio, che però, proprio perché fatto di carta e inchiostro, lascia intravedere le ossa e le vene di chi vi si riflette perché su di esse si applichi la cura! L'ultimo assetto che Petrarca diede alle poesie conclusive del *Canzoniere* negli ultimi giorni della sua vita consisteva in pochi tocchi leggerissimi ma nondimeno tanto geniali da riuscire a dare all'opera una struttura e un messaggio che fino a quel punto non erano facilmente prevedibili, ma che, una volta ottenuti, si presentavano come l'esito normale, spontaneo insieme e necessario, di una *queste* durata molti anni e senza prospettiva di chiusura. Con il vero pentimento la storia di quell'anima tormentata trova una conclusione diversa da quella che cercava: il protagonista non si rendeva conto di portarsela dentro fino a quando la vera speranza e l'incrollabile fede destarono nel suo cuore la fermissima volontà di abbracciarla. Ora tutto gli è chiaro: la volizione assoluta della gloria eterna fa tutt'uno con il potere di raggiungerla, e la speranza di attingerla è diventata una certezza. Ora il nesso volontà-potere-speranza gli riesce evidente, «ita est», perché l'apprende non da altri, ma dallo specchio della propria opera, alla quale aveva confidato, con estrema sincerità, le irrequietezze del suo vivere dissociato. Era un fulgidissimo esempio di come le *litterae* possano essere *humanae*, di come le lettere illuminino la vita.

INDICE DEI NOMI E DEI PERSONAGGI

INDICE DEI NOMI E DEI PERSONAGGI

INDICE DEI LUOGHI CITATI

INDICE DEI LUOGHI CITATI

Canzoniere

Finito di stampare nel mese di gennaio 2008
dalle Arti Grafiche Editoriali Srl, Urbino

Saggi

ULTIMI VOLUMI PUBBLICATI:

645 GABRIEL A. ALMOND - R. SCOTT APPLEBY - EMMANUEL SIVAN, *Religioni forti. L'avanzata dei fondamentalismi sulla scena mondiale.*

646 PATRICK LE GALÈS, *Le città europee. Società urbane, globalizzazione, governo locale.*

647 PIER VINCENZO MENGALDO, *Sonavan le quiete stanze. Sullo stile dei canti di Leopardi.*

648 LUCA SCUCCIMARRA, *I confini del mondo. Storia del cosmopolitismo dall'Antichità al Settecento.*

649 MARINA ROGGERO, *Le carte piene di sogni. Testi e lettori in età moderna.*

650 MARTIN WOLF, *Perché la globalizzazione funziona.*

651 GIANFRANCO PASQUINO - RICCARDO PELIZZO, *Parlamenti democratici.*

652 FEDERICO STELLA, *La giustizia e le ingiustizie.*

653 DAVID VINCENT, *Leggere e scrivere nell'Europa contemporanea.*

654 PETER BURKE, *Lingue e comunità nell'Europa moderna.*

655 PAOLO BONETTI, *Terrorismo, emergenza e costituzioni democratiche.*

656 GRADO GIOVANNI MERLO, *Streghe.*

657 ANTONIO COBALTI, *Globalizzazione e istruzione.*

658 ANDREA COLLI, *Capitalismo famigliare.*

659 ALBERTO QUADRIO CURZIO, *Economisti ed economia. Per un'Italia europea: paradigmi tra il XVIII e il XX secolo.*

660 FABIO MERUSI, *Sentieri interrotti della legalità. La decostruzione del diritto amministrativo.*

661 MARINA CATTARUZZA, *L'Italia e il confine orientale: 1866-2006.*

662 CARLO TOSCO, *Il paesaggio come storia.*

663 CESARE CORNOLDI, *L'intelligenza.*

664 FLAVIO DELBONO - DIEGO LANZI, *Povertà, di che cosa? Risorse, opportunità, capacità.*

665 PARTHA DASGUPTA, *Povertà, ambiente e società. Il ruolo del capitale naturale e del capitale sociale nello sviluppo economico.*

666 CARLO AUGUSTO VIANO, *Stagioni filosofiche. La filosofia del Novecento fra Torino e l'Italia.*

667 HOWARD S. BECKER, *I trucchi del mestiere. Come fare ricerca sociale.*

668 MARIO BARENGHI, *Italo Calvino, le linee e i margini.*

669 ALBERTO CASADEI, *Stile e tradizione nel romanzo italiano contemporaneo.*

670 FRANCESCO TRANIELLO, *Religione cattolica e Stato nazionale. Dal Risorgimento al secondo dopoguerra.*

671 LIVIO PALADIN, *Saggi di storia del diritto costituzionale.*

672 BERNARDO GIORGIO MATTARELLA, *Le regole dell'onestà. Etica, politica, amministrazione.*

673 AURELIO MUSI, *Il feudalesimo nell'Europa moderna.*

674 PAOLO PEZZINO, *Anatomia di un massacro. Controversia sopra una strage tedesca.*

675 VITTORIO PELLIGRA, *I paradossi della fiducia. Scelte razionali e dinamiche interpersonali.*

676 ISABEL TRUJILLO, *Giustizia globale. Diritto e politica in prospettiva mondiale.*

677 GAETANO QUAGLIARIELLO, *Gaetano Salvemini.*

678 FRANCO GALLO, *Le ragioni del fisco. Etica e giustizia nella tassazione.*

679 ANDREA BATTISTINI, *Lo specchio di Dedalo. Autobiografia e biografia.*

680 GIACOMO BECATTINI, *Il calabrone Italia. Ricerche e ragionamenti sulla peculiarità economica italiana.*

681 GIACOMO TODESCHINI, *Visibilmente crudeli. Malviventi, persone sospette e gente qualunque dal Medioevo all'età moderna.*

682 PIETRO TRIFONE, *Malalingua. L'italiano scorretto da Dante a oggi.*

683 GIOVANNI RICCI, *I giovani, i morti. Sfide al Rinascimento.*

684 FRANCESCO GALGANO, *La forza del numero e la legge della ragione. Storia del principio di maggioranza.*

685 ANGELO VENTRONE, *La cittadinanza repubblicana. Come cattolici e comunisti hanno costruito la democrazia italiana (1943-1948).*

686 PAOLO CHERCHI, *Verso la chiusura. Saggio sul «Canzoniere» di Petrarca.*